新概念阅读书坊

SHIJIEDILI

SHENGJING

地理胜境

主编◎崔钟雷

JM 吉林美术出版社

图书在版编目（CIP）数据

世界地理胜境 / 崔钟雷主编 . —长春：吉林美术
出版社，2011.2（2023.6 重印）
（新概念阅读书坊）
ISBN 978-7-5386-5228-4

Ⅰ.①世…　Ⅱ.①崔…　Ⅲ.①名胜古迹 – 世界 – 青少
年读物②风景区 – 世界 – 青少年读物Ⅳ.① K917–49

中国版本图书馆 CIP 数据核字（2011）第 015403 号

世界地理胜境

SHIJIE DILI SHENGJING

出 版 人　华　鹏
策　　划　钟　雷
主　　编　崔钟雷
副 主 编　刘志远　于　佳　张婷婷
责任编辑　栾　云
开　　本　700mm×1000mm　1/16
印　　张　10
字　　数　120 千字
版　　次　2011 年 2 月第 1 版
印　　次　2023 年 6 月第 4 次印刷
出版发行　吉林美术出版社
地　　址　长春市净月开发区福祉大路 5788 号
　　　　　邮编：130118
网　　址　www.jlmspress.com
印　　刷　北京一鑫印务有限责任公司
书　　号　ISBN 978-7-5386-5228-4
定　　价　39.80 元

前　言

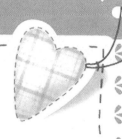

　　书，是那寒冷冬日里一缕温暖的阳光；书，是那炎热夏日里一缕凉爽的清风；书，又是那醇美的香茗，令人回味无穷；书，还是那神圣的阶梯，引领人们不断攀登知识之巅；读一本好书，犹如畅饮琼浆玉露，沁人心脾；又如倾听天籁，余音绕梁。

　　从生机盎然的动植物王国到浩瀚广阔的宇宙空间；从人类古文明的起源探究到 21 世纪科技腾飞的信息化时代，人类五千年的发展历程积淀了宝贵的文化精粹。青少年是祖国的未来与希望，也是最需要接受全面的知识培养和熏陶的群体。"新概念阅读书坊"系列丛书本着这样的理念带领你一步步踏上那求知的阶梯，打开知识宝库的大门，去领略那五彩缤纷、气象万千的知识世界。

　　本丛书吸收了前人的成果，集百家之长于一身，是真正针对中国少年儿童的阅读习惯和认知规律而编著的科普类书籍。全面的内容、科学的体例、精美的制作，上千幅精美的图片为中国少年儿童打造出一所没有围墙的校园。

编　者

目 录

欧 洲

美　洲

欧 洲

OU ZHOU

英 国

英国是一个风景如画的岛国，那里湖泊众多，名胜古迹遍布全国：有神圣的威斯敏斯特大教堂；有见证英国历史的伦敦塔；有"北方雅典"之称的爱丁堡……这些著名景观深深地吸引了世界各地的游客。

英国是个岛国，位于大西洋中的不列颠群岛上，是由英格兰、苏格兰、威尔士和北爱尔兰组成的联合王国，隶属于一个中央政府和国家元首，人口约六千万，英国本土位于欧洲大陆西北面的不列颠群岛，被北海、英吉利海峡、凯尔特海、爱尔兰海和大西洋包围。24.36 万平方千米（包括内陆水域），英格兰地区 13.04 万平方千米，苏格兰 7.88 万平方千米，威尔士 2.08 万平方千米，北爱尔兰 1.36 万平方千米。位于欧洲西部的岛国。隔北海、多佛尔海峡、英吉利海峡与欧洲大陆相望。它的陆界与爱尔兰共和国接壤。海岸线总长 11450 千米。全境分为四部分：英格兰东南部平原、中西部山区、苏格兰山区、北爱尔兰高原和山区。英国是世界上第一个工业化国家，是一个具有多元文化和开放思想的社会。首都伦敦是欧洲最大也是最具国际特色的城市。

迷人的伦敦夜景。

英国的东南部是平原，北部和中西部主要是山区。气候属典型的温带海洋性气候，空气温和湿润。

英国风景如画，名胜古迹遍布全国。首都伦敦是最著名的旅游胜地，有威斯敏斯特宫、威斯敏斯特大教堂、大英博物馆、伦敦桥、伦敦塔等景点。此外，爱丁堡、巴斯城等地也有不少名胜古迹。

英国国旗为"米"字旗，由深蓝底色和红、白色"米"字组成。旗中带白边的红色正十字代表英格兰守护神圣乔治，白色交叉十字代表苏格兰守护神圣安德鲁，红色交叉十字代表爱尔兰守护神圣帕特里克。此旗产生于 1801 年，是由原英格兰的白地红色正十旗、苏格兰的蓝地白色交叉十字旗和北爱尔兰的白地红色交叉十字旗重叠而成。

伦 敦

伦敦位于英格兰东南部的平原上，跨泰晤士河下游两岸，距离泰晤士河入海口 88 千米。伦敦是英国的首都，英格兰的首府，是全国政治、经济和文化中心。它是英国的第一大城及第一大港，同时还是全球三大金融中心之一，与美国纽约、法国巴黎和日本东京并列为当今全球四大都市。这个方圆一千五百多平方千米的城市是全欧洲最为繁荣的商业城市之一。

伦敦是一座既古老又现代的大都市，几千年传统文化的积淀使其列入世界上最古老和传统的城市之列。伦敦从古代罗马帝国时期以来一直保持着自己的悠久传统，这里的每一个角落都有历史遗迹在诉说着曾经的沧桑，这里的大街小巷都流露出历尽多年风霜的痕迹。从 1801 年到 20 世纪初，作为世界性帝国——大英帝国的首都，伦敦因其在政治、经济、人文文化、科技发明等领域上的卓越成就，而成为全世界最大的都市。伦敦还是一个多元化的大都市，其居民来自世界各地，具有多元的种族、宗教和文化；这里的居民使用约三百种不同的语言，而全球各地的文化也在这里留下了印记。不少来自中东、南亚和东南亚等地的人也在这个大都市定居、工作，让这个城市平添了不少异国色彩。同时，伦敦还是世界闻名的旅游胜地，拥有数量众多的名胜景点与博物馆等。

大英博物馆

大英博物馆又名不列颠博物馆，位于英国伦敦新牛津大街北面的大罗素广场，成立于 1753 年，1759 年 1 月 15 日起正式对公众开放，是世界上历史最悠久、规模最宏伟的综合性博物馆，也是世界上规模最大、最著名的博物馆之一。

大英博物馆。

大英博物馆气势雄伟，和纽约的大都会艺术博物馆、巴黎的卢浮宫同列为世界三大博物馆，该馆内藏有世界上任何一个博物馆都无法比拟的文物和图书资料，内容丰富、文物精美。

这个博物馆里面分别设有埃及艺术馆、希腊和罗马艺术馆、西亚艺术馆、欧洲中世纪艺术馆等多个馆，其中，以埃及艺术馆、希腊和罗马艺术馆最为著名。

埃及艺术馆是博物馆中最大的陈列室，陈列着大型的人兽石雕、木乃伊及碑文壁画、镂石器皿等历史文物，距今已有五千多年的历史，共计七万多件。希腊和罗马艺术馆里，公元 5 世纪雅典女神的神殿整整占据了一个陈列室。

东方艺术馆除了少量是中亚、南亚和日本的文物外，还收藏了两万多件中国历代的稀世珍品，其中以距今六千多年的半坡村尖足缸及红陶碗，新石器时代的大琮、玉刀、玉斧，商周时期的青铜尊、鼎，秦汉时期的陶器、铜镜、漆器铁剑，六朝时期的《女史箴图》等最为珍贵，都是无价之宝。在参观大英博物馆时，观众面对着这许许多多光彩夺目的艺术瑰宝，总会被深深地吸引。

大英博物馆的藏书数以万计，有大量的经典文献、书籍、手稿、档案等珍本。

法 国

法国如一个倾斜的花篮，静卧在欧洲西部。静谧的塞纳河无言地目睹着法国历史的变迁，巴黎圣母院鸣响着不朽的钟声，阳光明媚的海湾，美丽迷人的城市风光使法国成为备受欢迎的旅游胜地。

法国位于欧洲西部，濒临北海、英吉利海峡、大西洋和地中海四大海域，地中海上的科西嘉岛是法国最大的岛屿。法国地势东南高西北低，向大西洋敞开。东部是阿尔卑斯山地和侏罗山地；中南部为中央高原；西南边境有比利牛斯山脉。法、意边境的勃朗峰海拔4810米，为欧洲最高峰。法国大部分地区属海洋性温带阔叶林气候，南部沿海和罗讷河谷地属亚热带地中海式气候。

巴 黎

巴黎是著名的国际大都市，塞纳河横贯其中，宽广畅通的道路两旁商埠林立。

鳞次栉比的店面之间，咖啡馆、酒馆和餐馆比比皆是，门窗都

夜色中的巴黎。

经过精心的装饰，门前的空地均安放了几排小巧的竹制桌椅，圆桌的后面通常放置两把并排的椅子，面向大街，人坐在这里，如入剧场，舞台就是对面的大街。客人们则两三个人并肩而坐，面前摆上一杯酒或咖啡，一边聊天，一边观看街上

来往的人潮。作家左拉曾就此有感而发：
"一群无声的人观看活生生的街景。"咖啡馆是巴黎的特别景致，无数大艺术家、作家和知名学者常常来此聚会，在这里沉思、讨论，或在这里慷慨激昂，孕育出了令世人惊叹的灵感，甚至改写了历史。那种辉煌仿佛充溢在空气中，从一间间精致可爱的咖啡屋里，从小圆桌上，从杯杯飘浮着香气的咖啡中，<u>丝丝缕缕</u>，不可抗拒地向人们袭来。

埃菲尔铁塔

　　高处不胜寒，埃菲尔铁塔像一位身着铁盔铁甲铁罗袍的英武将军，气宇轩昂地矗立着。从半圆形的沙佑宫拾级而下，经过喷泉、草坪，横跨塞纳河，来到铁塔的脚下。路边有艺术家为游客画像，有各色人种的小贩在礼貌地兜售明信片、铁塔模型等旅游纪念品。他们大都并不着急开张的样子，神态很从容。可能是旅游商业太发达的缘故，纪念品在材料和制造工艺上已经显示不出丝毫的本土味道，纯粹成了商品。埃菲尔铁塔分三层，四座坚实的塔基拔地而起，直到高57米的平台。平台以塔座支架的结构为基础，形成了四个区域，中间有通道连通，平台上分别陈列着一些精致巧妙的机械装置，现代金属雕塑与钢铁结

巴黎美景。

构的塔身浑然一体，仿若天成。看着这些金属装置，仰视规矩方圆的铁架，感到一种工业蓬勃发展的气势，欧洲人的思维模式好像就在这一根根铁柱之间、一个个精密装置之间渗透着。从 57 米处，四座塔基向空中延续，构成铁塔中层承上启下的部分。二层平台高 115 米，这里有几家旅游

夜色中的埃菲尔铁塔。

商店，出售各种各样的纪念品。115 米以上便是埃菲尔铁塔的主体塔身，直入云霄。276 米的顶层平台中厅展示着巴黎的环绕照片，周围是像环绕回廊一样的阳台，从这里可以居高临下俯瞰巴黎全景。巴黎城区广阔、密集的建筑一直连向远方，片片灰色的屋顶间散落着一些特别的造型，各式各样的广场、纪念塔、宫殿、教堂、城堡像是为平静的城市演奏着跌宕起伏的华彩乐章。穿过市区的塞纳河从远处望去，好似静止一般，为城市增添了几分灵秀。有风有云的时候，在灰白色的雾气笼罩下的市区朦朦胧胧，恍若梦中。在 276 米的高空，除脚下赖以立足的紧实铁板，上下左右前后，便完全是流动的空气和风，还有灰蒙蒙的远景。

埃菲尔铁塔在建成初期曾经备受争议。人们认为它和由古老的纪念物代表着的巴黎不相匹配，破坏了城市的整体美感，后来，人们才逐渐认可它的独树一帜，而在我们眼中，仿佛没有它，巴黎便不再是巴黎。如果我们不只是站在这个时代的立场上，不只是局限于这个时代去看待，在多少年以后的将来，除了专门从事研究的人外，对于普通的人们而言，一个世纪以前和几个世纪以前的名胜没有什么区别。虽然我们能够一一述说出它们属于什么时代，而事实上，它们仿佛同样的古老，仿佛都是固有的存在，而且非常和谐地存在于我们的脑海里。时间和岁月，会磨平很多棱角，调和很多差异。

意 大 利

意 大利像一只美丽的靴子，静卧在三面环海的亚平宁半岛上。五光十色的瀑布、湖泊、岛屿，风光绮丽的海滩、小溪及辉煌的人文景观构成了意大利独特的风景图画。

　　意大利位于欧洲南部，领土包括亚平宁半岛以及西西里岛、撒丁岛和其他许多小岛。

　　意大利境内多山，北部为阿尔卑斯山脉，亚平宁山脉纵贯半岛，两山之间是波河平原。其气候属典型的亚热带地中海式气候。

　　意大利是欧洲文明的发源地，罗马、那不勒斯、佛罗伦萨、威尼斯等古城遍及全国，许多古迹颇具观赏价值。比萨斜塔名扬世界，堪称世界建筑史上的奇迹，吸引了无数游客的目光。

罗 马

　　古罗马的历史可以上溯到公元前 12 世纪。建于公元前 27 年—公元 476 年的古罗马帝国就是在这一地区发展起来的。公元 750 年—1870 年，一直作为都城。1870 年，意大利统一后又定都罗马。

在罗马古城内，古建筑的残垣断壁和名胜古迹随处可见。公元 2 世纪，这里建立了一座著名的潘提翁神殿，它在古罗马建筑中是保存最为完好的。

坐落在埃斯奎利尼山上的古罗马斗兽场，建于公元 1 世纪，场中有 45000 个座位，还有几千

罗马许愿池。

个站位，可容纳近 50000 人。观众席呈环形，回廊环环相通，方便出入。座位下面的兽室与中央场地连通。罗马斗兽场气势非凡，是古罗马建筑最高成就的体现。

罗马人庆祝胜利的方式与其他地方不同，他们并不建造纪念碑或纪念塔，而是建造大大小小的凯旋门。其中，为纪念君士坦丁大帝于公元 312 年在米尔维亚桥上战胜马克森提而建立的凯旋门是最大的一个。

罗马市内有三千多个喷泉，最著名的是建于 1762 年的特雷维喷泉。无数个喷泉在阳光下喷花溅雾，形成道道彩虹，绚丽多彩。作为全世界天主教的中心，罗马共有教堂三百多座，另外还有天主教大学 7 座、修道院三百多所。

罗马历史著名的广场有：恺撒广场，始建于公元前 51 年；努姆广场，始建于公元前 5 世纪；奥古斯都广场，始建于公元前 42 年；图拉真广场，它是古罗马最大的广场，建于公元 111 年—公元 114 年。

威尼斯广场是目前罗马最大的广场，坐落在内城中心跑马场街尽头，长 130 米、宽 75 米。埃马努埃尔二世纪念碑矗立在广场南面。由巴尔保枢机主教于 1455 年兴建的威尼斯大厦挺立于广场西面，是罗马最著名的文艺复兴时期的宫殿式建筑。

卡拉卡拉浴场有近 1800 年的历史，始建于公元 212 年，公元 5 世纪开始用做浴场。浴场四壁用大理石砌就，下底是嵌石，壁画、雕像、用具也非同一般。浴室分为两层，门呈圆拱状，里面金碧辉煌，与壁画、雕像交相辉映。浴场占地 24281 平方米，可同时容纳近两千人共浴，洗浴分冷水、热水、蒸气三种。

西班牙

西班牙是著名的旅游国家，有"世界旅游王国"的美誉。地中海沿岸旅游资源丰富，尤以阳光、海水、海滨、沙滩闻名于世。此外，西班牙还以众多的名胜古迹和独特的民族风情吸引着世界各地的游人。

西班牙位于欧洲西南部的伊比利亚半岛，领土南端为地中海出大西洋的咽喉要道。其境内多高原和山脉，是欧洲的高山国家之一，属地中海气候。该国居民多信奉天主教。

西班牙是一个旅游王国，名胜古迹众多，引人入胜。那里有许多王宫、城堡和教堂，如巴塞罗那的古埃尔府、阿维拉古城、布尔戈斯的大教堂，堪称欧洲"三绝"。

西班牙有着古老而独特的传统民族文化，其中包括举世闻名的斗牛表演、热情奔放的西班牙舞蹈，以及各种风俗习惯等等。

 塞维利亚

古老的塞维利亚市有许多著名的文化遗址，如塞维利亚大教堂、阿尔卡萨尔及西印度群岛档案馆等。

塞维利亚是一座古城，其历史可追溯到两千多年前。这个公元前曾屡遭外族入侵的伊比利亚人居住的小镇，在公元 8 世纪进入摩尔人统治时期。此时的塞维利亚经济繁荣，并以输出橄榄油而闻名于世，因此在历史上它又被称为"小罗马"。1248 年，国王斐迪南三世恢复了在此地的统治权。1519 年，著名的航海家麦哲伦从这里出发，完成了具有划时代意义的人类首次环球航行。而不朽的世界名著——《堂吉诃德》由西班牙文豪塞万提斯在此完成。

塞维利亚夜色美景。

塞维利亚大教堂修建于 15 世纪，教堂长 116 米、宽 76 米，面积达 8816 平方米，是世界第三大教堂。教堂的修建历时 120 年，规模仅次于梵蒂冈的圣彼得教堂和伦敦的圣保罗教堂。由于大教堂是在一座清真寺的基础上修建而成的，因此清真寺的部分建筑也被完好地保留了下来。教堂内的比拉尔达塔建于 12 世纪，它是在原清真寺的一座方形砖塔上扩建而成的。16 世纪中叶时，教堂内又建了一座装有 25 个钟的钟楼和一座代表"信仰"的巨大塑像，由此使其成为塞维利亚著名的路标。哥伦布的灵柩安放在大教堂的中央大厅，而与大教堂相邻的圣埃梅内尔小教堂内则安放着文学大师塞万提斯的灵柩。

塞维利亚著名的文化遗址"阿尔卡萨尔"，其意为"城堡干宫"，始建于 12 世纪。此外，还有一处文化遗址为西印度群岛档案馆，是以前的交易所。西班牙国王卡洛斯三世于 1784 年下令将它改为专门收藏与美洲新大陆相关的资料文件的档案馆，馆内珍藏着大量珍贵文物，如哥伦布和麦哲伦的手稿等。

巴塞罗那

巴塞罗那是西班牙的第二大城市，也是西班牙最富有魅力的城市。最初，罗马人并不十分喜欢这座城市，但最终还是为这座城市所着迷。因为夏季的到来也许会让这座城市暂时失去节日的欢愉，但是这里整年都充满着顶尖的时装、美食、音乐和美好的时光。

走在巴塞罗那的路上，人们会对怪诞天才高迪设计的建筑物惊

米拉大厦。

叹不已，感叹于米罗和毕加索惊世的艺术作品，而精力充沛、魅力十足的西班牙人也让游客深深着迷。难怪有调查称最令人向往的欧洲国家就是西班牙。

巴塞罗那还是地中海西岸最有生机和最令人兴奋的城市。这里的人民从未终止的努力使它晋升为一座世界性的大城市。这里也是伊比利亚半岛和西欧中心地带的连接地。这是一座你未曾到来之前无法想象的城市，是走在街道上令人无法置信的城市，也是你离开后难以忘怀的城市。

巴塞罗那是西班牙历史文化名城和旅游胜地，它每年都吸引着无数的游人前来观光游览。

远离闹市的地方，坐落着巴塞罗那著名的圣帕乌医院。这所医院占地10万平方米，塔楼高耸，是典型的哥特式建筑。砂岩、大理石、马赛克、砖等各种建筑装饰材料被加以完善运用，使每一座建筑都各具特色。远远看去，仿佛是一个童话中的世界。

加泰罗尼亚音乐厅于20世纪初建成。音乐厅的内外装饰大量使用马赛克和彩色玻璃，剧场大厅天井的巨型吊灯晶莹剔透，舞台上方是神采奕奕的奏乐天使的雕塑。加泰罗尼亚音乐厅被世人誉为"西班牙现代主义建筑最完美的作品"。

巴塞罗那的古埃尔公园、古埃尔府和米拉大厦也是享誉世界的著名旅游景点。

葡 萄 牙

葡萄牙山川秀丽，古迹众多。古老的教堂、修道院已成为其文化的重要组成部分，而波尔图地区更有着悠久的历史。在那里，游人可以尽情品尝葡萄酒，享受人间美味。

葡萄牙位于伊比利亚半岛西部，该国南部和西部濒临大西洋，北部和东部邻西班牙，是一块南北长、东西窄的近似长方形地带。除了欧洲大陆的领土以外，大西洋的业速群岛和马德拉群岛都是葡萄牙的领土。面积为 9.19 万平方千米，

里斯本城市一角。

海岸线长 832 千米。葡萄牙拉丁语意为"温暖的港口"。

葡萄牙的地势总体由东北向西南和东南倾斜，地形以平原为主；北部为梅塞塔高原；中部多山地，平均海拔 800 ~ 1000 米。埃斯特雷拉山峰海拔 1991 米，为全国最高山峰。南部多丘陵；葡萄牙气候宜人，冬季温暖湿润，夏季相对干燥。西部沿海一带为沿海平原。南部为地中海型气候，北部为温带海洋性气候。

葡萄牙山川秀美，古迹众多，里斯本和波尔图都有许多古迹。位于大西洋中的亚速尔群岛和欧洲的"天涯海角"——罗卡角，也是著名的旅游胜地。

葡萄牙有丰富的动植物资源，是最大的软木出口国，被称为"软木之国"。还有"欧洲滨海花园"之称。有来自北非的花卉，还有一百种独一无二的葡萄牙特有的植物。

里斯本

葡萄牙的首都里斯本，坐落在特茹河入海口北岸的 7 个山丘上，有"七丘城"之称，是全国最大的海港城市，葡萄牙的政治、文化中心。市区面积 82 平方千米。人口约五十六万，位于欧洲大陆的最西端，伊比利半岛的特茹河河口，是风光秀丽的海滨城市。里斯本气候良好，全年大部分时间风和日丽，温暖如春，舒适宜人。

里斯本有许多纪念塔和纪念碑。位于大西洋岸边的贝伦塔，建于 16 世纪初期，涨潮时，似浮在水面上，景色动人。赫罗尼莫斯修道院和贝伦塔坐落于葡萄牙首都里斯本西南处，是流行于 16 世纪初期的曼努埃尔式建筑的典型，气魄宏伟，雕刻华丽。这是一处记录着葡萄牙历史中最辉煌时刻的地方。院内有全国知名人士的墓地，葡萄牙航海家达伽马和著名诗人卡摩安兹就长眠于此。

1498 年，瓦斯科·达·伽马开辟了通往印度的航线，给葡萄牙带来了大笔财富。曼尔埃尔一世为了向祖先表示敬意，于 1517 年开始动工修建了一座修道院，在 1551 年建成，这就是著名的赫罗尼莫斯修道院。修道院采用石灰岩结构，墙壁上被装饰成一个天然的舞台布景。在修道院中的圣马利亚教堂南门廊柱上有 24 尊巨型圣人像，堪称后期哥特式风格建筑的杰作。修道院规模宏大，装饰华丽，是流行于 16 世纪初期典型的曼努埃尔式建筑，院内有一块墓地，葡萄牙的名人大都安葬其中。

贝伦塔耸立在特茹河畔，建于 1515 年。实际上它是为了纪念瓦斯科·达·伽马的丰功伟绩而建的一座灯塔。塔身高 35 米，由石灰岩搭建而成，属于葡萄牙独特的曼奴埃尔建筑。整个塔身雕刻着网、绳索等与海和船有关的图案，

"成功圣母像"屹立在中庭。与整体风格略有不同的是，塔身胸墙上的窗花格属于伊斯兰风格，而螺旋形的小尖塔则明显受到印度建筑风格的影响。

埃武拉历史地区

埃武拉是一座历史古城，始建于公元 3 世纪罗马帝国统治时期，当时面积不足 1 平方千米，长期为罗马军队驻地。目前，尚能看到的罗马时期的古迹有罗马神庙、温泉浴池、罗马城墙遗址以及唐娜依萨贝尔拱门。罗马帝国灭亡后，埃武拉曾先后被西哥特人和摩尔人占领，其间城市规模开始扩大，建筑风格体现出哥特式和阿拉伯特色。

埃武拉历史地区坐落于葡萄牙埃武拉行政区，其西面 110 千米的地方即葡萄牙的首都里斯本。历史上，埃武拉地区曾是罗马军队的长期驻地。公元 712 年，摩尔人占领此地，1166 年，基督教重新收复这里。16 世纪埃武拉已发展成为大主教区，葡萄牙王族经常来此居住。16 世纪—18 世纪时，埃武拉已成为葡萄牙两大著名都市之一，其繁荣之势集中体现了葡萄牙的黄金时代。

埃武拉在罗马帝国时期就自行铸造货币，还修建了高架引水渠。当时还修建了狄安娜神殿，而如今神殿已毁，只留下底座上的一根石柱茕茕孑立。

建于 1186 年的埃武拉大教堂成功地将罗马建筑风格与哥特式建筑风格融合在一起。两座巨大的角形塔楼并立，带屋顶的教堂大门被夹在中间。

埃武拉历史地区的古建筑。

沃伊奥斯修道院教堂始建于 1485 年，教堂后来毁于地震，1755 年重建，墙壁上用蓝瓷砖装饰，别具特色。

圣布拉斯教堂在外观上综合了穆德哈尔风格和后期巴洛克风格，而圣母教堂和于 1559 年建成的埃斯皮里图大学则主要体现了文艺复兴时期的建筑特点。

而真正使艾武拉声名远扬的却是它

的人骨教堂。艾武拉的人骨教堂的全名叫圣弗朗西斯科教堂，前后历时 30 年于 1510 年建成。当时是作为皇族的祈祷堂，因此正门上方用大理石雕有葡萄牙王徽。这是一座哥特式、曼努埃尔式和巴洛克式各种风格的完满结合，教堂的西厅就是人们通常所说的人骨教堂。

波尔图历史地区

波尔图历史地区位于葡萄牙北部的波尔图市。该市地处多鲁河入海口东岸，是仅次于首都里斯本的第二大城市。该城历史悠久，可以追溯到公元前 4000 年—前 3000 年。14 世纪中期，这里兴建了城墙。真正给它带来巨大财富的是红葡萄酒的生产和出口。杜罗河流域不断被开垦为葡萄园，它成为大量装运葡萄酒的港口。

波尔图的旧城坐落在丘陵的坡面上，城内的屋顶五颜六色，墙壁却都是灰色的，阳台用铁、木构筑而成，独具特色。街道两旁花木繁盛，多鲁河从城外的花岗岩峭壁下流过，所有这些构成了一幅绚丽的风景画。

在西哥特人城堡遗址上建立起来的波尔图大教堂，始建于 12 世纪，当时还兼做要塞。其外观呈罗马式风格，蓝白瓷砖镶嵌的壁画表现了《雅歌》的情景。1809 年，英国威灵顿将军强渡杜罗河袭击法国军队时，曾将圆柱山修道院作为炮兵兵营。这里还有一座僧侣塔，塔高 75 米，分为 10 层，是 18 世纪中期的花岗岩建筑，它曾长期被用做引航的航标。同一时期建造的克莱里哥教堂，拥有葡萄牙最高的钟楼——钟楼高约七十六米。从克莱里哥教堂向西，是波尔图的中心——莱伯达广场，莱伯达广场边是 1900 年落成的圣班图火车站。

水晶宫规模宏大，气势非凡，是为 1865 年工业展览会而建的。宫殿采用了玻璃、钢等作为主要构建材料。1842 年动工修建的摩尔人大厅是股票交易所，主厅依照 14 世纪西班牙格拉纳达王国的阿尔罕布拉宫而建，其雕刻极为精细，装饰富丽堂皇。整个建筑古朴典雅，堪称当地建筑的典范。

波尔图风光。

希　腊

希腊是欧洲文明古国，西方文明的发祥地。随处可见的历史遗迹，清新秀丽的自然风光吸引着各国游客前来寻幽探秘。雅典卫城、克里特岛、德尔斐古迹……仿佛在讲述着古老的神话。

希腊位于巴尔干半岛南部，包括伯罗奔尼撒半岛、克里特岛等几部分。

希腊境内3/4的国土为山地，平原狭小，多位于沿海地带，境内岛屿星罗棋布。其气候属地中海式气候。作为欧洲古代文明发源地的希腊，历史古迹不胜枚举。雅典、塞萨罗尼基、奥林匹亚、罗得岛、克里特岛、阿索斯山等地都有许多久负盛名的古迹。

2008年3月23日，北京奥运会圣火在古奥林匹亚遗址内点燃后，在希腊境内进行了为期7天的传递，传递过程经过了16个地区、43个城镇，以及4个社区，沿途举办了29个庆祝仪式，北京时间3月30日，圣火抵达位于雅典市中心的1896年首届现代奥运会会场。希腊奥委会在那里举行了庆祝仪式并将圣火传递给北京奥组委。

 雅典卫城

举世闻名的雅典卫城位于希腊首都雅典的一块高地上。

虽然这块高地海拔仅152米，但东面、南面和北面都是悬崖绝壁，因此地形十分险峻，其面积约为四千平方米。

这块高地在公元前1500年是王宫所在地，四周筑有坚固的城墙。雅典卫城于公元前800年开始形成，当时，神庙等祭祀建筑物建在高地上，而城市则逐渐在高地下形成。

希波战争时，雅典卫城被波斯人破坏。公元前5世纪后期，希波战争结束，一条长65千米的"长墙"被修建起来，把雅典与比雷埃夫斯港连为一体。此外，卫城内的神庙也被重建。公元前4世纪以后，雅典人在山下建起了一整套体现雅典人民智慧和创造力的建筑物，如会堂、竞技场、大柱廊、扩建的狄奥尼索斯露天剧场，这些都是全世界人民的宝贵财富。

雅典卫城有一座正高18米、侧高13米的山门。山门的左侧是一座收藏精美绘画的画廊。雅典娜女神庙位于山门的右前方。雅典娜神庙是祭奉雅典娜女神的神庙，"雅典"之名也源于此。女神神像高12米，全身饰以黄金和象牙，神庙建筑材料全是产于雅典附近的蓬泰利克大理石。神庙约长52米、宽39米。神庙内由一个近似方形的内殿和一个爱奥尼亚式门厅组成，一条饰以高凸浮雕、宽2.54厘米的中楣饰带围绕在建筑物外部。神庙东面的浮雕有一个执盾的雅典娜神像。

雅典卫城最著名的建筑帕提侬神庙代表了古希腊建筑艺术的最高成就，因此又称之为"神庙中的神庙"。神庙基座高69.5米、宽30.88米，石灰岩制成，庙内有高18.5米的圆柱23根。雅典卫城建筑中爱奥尼亚样式的典型建筑是厄瑞克特翁神庙，它以高低不平的高地为基石。神庙中的六个女神像柱是最美的部分。雅典娜、赫淮斯托斯、波塞冬等希腊诸神都是这个神庙所供奉的神。

雅典卫城。

俄 罗 斯

俄罗斯这片神奇的土地，不仅以其绚丽多姿的自然风光吸引游人到此观光，更以莫斯科、圣彼得堡等城市的历史人文景观吸引了异地他乡的游客前来访古探幽。

俄罗斯位于亚欧大陆北部，东濒太平洋，西濒波罗的海，西南临黑海和里海，北临北冰洋，地跨欧亚两洲，幅员辽阔，领土面积居世界第一位。

俄罗斯的地势西低东高，平原占国土面积的70%左右。叶尼塞河以西大部分是平原，高原和山脉主要分布在叶尼塞河以东地区。

莫斯科历史博物馆。

俄罗斯属温带和亚寒带大陆性气候，冬季漫长严寒，夏季短促温暖，春秋两季甚短。

俄罗斯历史悠久，土地广袤，因而旅游资源极其丰富。属欧洲部分的莫斯科、圣彼得堡等大城市有克里姆林宫、红场、冬宫等名胜古迹及伏尔加河和摩尔曼斯克秀丽的自然风光。而里海、黑海沿岸，以及东部地区则有贝加尔湖、堪察加半岛等著名的景点。

莫 斯 科

莫斯科是一座历史悠久和具有光荣传统的城市，始建于12世纪中期。莫斯科是俄罗斯最大的综合性工业城市，工业部门齐全，其中重工业与化学工业很发达，机械和仪表制造工业占全市工业总产值的一半以上。十月革命前，莫斯科以纺织工业而著名，被誉为

"花布城市"。这座古老的城市，以著名的克里姆林宫和红场为中心，呈环状向外辐射。宽阔清澈的莫斯科河从城南缓缓而过，为这座美丽的城市增添了无尽的魅力。

作为俄罗斯标志之一的克里姆林宫位于莫斯科市中心，包括克里姆林宫、红场，以及教堂广场建筑三部分。处于莫斯科心脏部位的克里姆林宫始建于 12 世纪。宫墙呈不规则的三角形。宫墙长 2 235 米、高 2.1 米，每面墙都建有 7 座碉堡。宫内有钟楼 20 座，其中装有大小各异的红宝石的五角星钟楼有 5 座，它们是斯巴斯克塔、特罗伊茨克塔、尼古拉塔、鲍罗维茨塔和沃多夫塔，无论在阳光下还是在黑夜中，它们都闪耀着迷人的红光。

作为克里姆林宫最古老宫殿之一的多棱宫是用于举行庆功盛典、接见外国使臣的宫殿，这里设有彼得大帝以前的历代沙皇的宝座。多棱宫的二楼呈正方形，有面积为 500 平方米左右的主厅，大厅正中有一根石柱，在巨柱上方伸出四棱柱支撑着大厅的圆顶，圆顶上的壁画绘于 16 世纪末，由于历代重绘，色彩鲜艳精美。

伊凡大帝钟楼是克里姆林宫最高的建筑物，楼高 81 米，分五层。顶部呈金色，外部是装有拱形窗口的八面棱体，并装有鸣钟。从钟楼底部沿台阶可直达楼顶，站在楼顶可以一睹莫斯科的全景。

克里姆林宫的中心是古老的教堂广场，圣母升天教堂和报喜教堂是广场的重要建筑。

红场位于莫斯科中心，紧邻克里姆林宫，是莫斯科的中央广场。

莫斯科。

广场长 700 米、宽 130 米，总面积达 9 万余平方米。红场的建立源于 15 世纪 90 年代莫斯科的一场大火。人们在空旷的废墟上建立了广场。其"红场"的名称则起源于 17 世纪中叶。红场是莫斯科

历史最悠久的广场，虽几经改建和扩建，但仍保持原样，当年的石块路面依然青光发亮，古朴而整洁。

普希金博物馆位于莫斯科市的克鲁泡特金街。当年，普希金就是在这里和朋友经常聚会、讨论的。馆内有 8 个展览厅，有书籍、画像、手稿、家具、油画等展品 5 万件。而最珍贵的是诗人的手稿，各种版本的作品及生活用品，如诗人用过的鹅毛笔、书桌等。大部分陈列物都是由私人捐赠的。一幅诗人两岁时的画像也显得弥足珍贵。庭院中诗人的不少艺术雕像令人不时驻足观赏。

莫斯科以北约 65 千米的地方有一个著名景点——大修道院。大修道院的前身是一座三圣小教堂和小道房，这些建筑是由中世纪时一个名叫谢尔盖·拉多涅日斯基的僧侣修建而成。他于 1337 年来到莫斯科近郊谢尔盖耶夫的偏僻森林里建起这些修道院，后来它渐渐发展成为俄罗斯东北的大修道院，规模宏大，富甲一方。1477 年，紧挨着三圣大教堂，又建起了一座圣灵教堂。这时的三圣大修道院已是俄罗斯东正教的神学研究中心，声誉日盛。

由于是在几百年时间里逐渐发展起来的，大修道院成了俄罗斯东北古典建筑群的典范。它所拥有的各种形式的教堂和附属建筑群，历经各个朝代的改建和扩建，体现了不同时期的建筑风格。这些建筑物中有三圣教堂、杜霍夫斯基降灵教堂及其后增建的圣母升天教堂、塔楼、斋房、慈善医院及 11 座钟塔楼等，风格典雅、古朴，交相辉映。

在莫斯科东南部，有一座著名的科洛明斯科耶主升天教堂。

坐落在莫斯科河右岸的小山丘上的科洛明斯科耶主升天教堂，是一座哥特式白色教堂。莫斯科大公瓦西里三世为庆贺他的王位继承人出世，于 1532 年修建了这座教堂。

一个四边形高台构成了教堂的基座，从上面看呈十字架形状。教堂继承了俄罗斯的建筑艺术传统，木结构锥状屋顶代替了拜占庭式教堂的大圆顶，屋顶呈多棱锥状，直插云霄，被称为"沙乔尔"式尖顶。教堂基座部分呈两层回廊样式，在上下两层过渡的部分，用层叠的荷叶状山墙檐装饰，呈上升之感。

圣彼得堡历史地区

圣彼得堡历史地区及纪念物群位于俄罗斯西部的圣彼得堡市内。

位于波罗的海芬兰湾涅瓦河河口的圣彼得堡是彼得大帝于1703年开始修建的，后一直作为俄罗斯帝国通往大海的门户。1712年，俄罗斯从莫斯科迁都于此，直到1918年3月为止。1914年改为彼得格勒。1924年，人们为了纪念列宁，改名为列宁格勒。1991年苏联解体后，又称为圣彼得堡。

圣彼得堡是列宁格勒州的首府，也是仅次于莫斯科的俄罗斯第二大城市，更是俄罗斯重要的工业中心和交通枢纽。它拥有四千多个工业企业，其产值占俄罗斯工业总产值的6%，工业品畅销全国。城市交通发达，有10条铁路干线呈放射状通向赫尔辛基、华沙、莫斯科及俄罗斯其他大城市。圣彼得堡是座与威尼斯齐名的水城，整座城市由多个岛屿组成，多条天然河流和运河迂回其间，粼粼碧水与典雅建筑相映成趣，古风古韵的大小桥梁宛若长虹卧波。

圣彼得堡是俄罗斯文化和历史名城，它以建筑的精美闻名于世，素有"地上博物馆"之称。城内的俄罗斯古建筑群久负盛名，属于18世纪早期的主要建筑群有：彼得保罗要塞及彼得保罗大教堂（彼得大帝的葬地），海军部岛上彼得大帝的夏花园及园中的夏宫等。这些建筑群具有俄

罗斯早期巴洛克式建筑的特征：古朴、雄伟、稳重。18世纪后期的建筑有斯莫尔尼宫、冬宫、塔弗列奇宫、阿尼奇科夫宫（十月革命后改名少年宫）。19世纪初的主要建筑有：宏伟的喀山大教堂、高达101米的圣伊萨克教堂等。许多俄罗斯著名诗人和作家，如普希金、莱蒙托夫、高尔基等人都曾在此生活和从事创作。

圣彼得堡宏伟华丽的建筑是俄罗斯建筑史上划时代的标志。经过历史的沉淀和不断的发展，圣彼得堡已经成为和法国巴黎齐名的美丽城市。圣彼得堡的中心建筑是建于1703年的彼得保罗要塞。它由彼得保罗大教堂、国家政治监狱、兵工厂和造币局等建筑构成。

始建于1711年的圣彼得堡著名建筑冬宫，经后来的几次扩建后成为了拥有1050个房间、1886座门、120座楼梯和1945扇窗户的大型建筑。冬宫内部的装饰大量采用大理石、孔雀石、金箔、名贵木材等材料。冬宫前的宫殿广场上曾建有沙俄军队参谋部，中央建有凯旋门。1917年，冬宫成为推翻沙皇统治的资产阶级临时政府所在地。

艾尔米塔什博物馆是一座享有世界声誉的雄伟建筑。它屹立在涅瓦河左岸的宫殿群中，它的中心就是历代沙皇居住的"冬宫"。艾尔米塔什博物馆拥有丰富的收藏品，其规模绝不亚于伦敦大英博物馆或巴黎卢浮宫。

昔日作为沙皇"夏宫"的彼得宫，位于圣彼得堡市区30千米处，是彼得大帝在1710年修建的。全宫主要由大宫殿、玛尔丽宫、下花园、亚历山大花园、奇珍阁，以及茅舍宫等组成。它可谓是园林艺术的典范。

彼得堡最著名的教堂是圣伊萨克大教堂，101米的高度使它成为圣彼得堡最高的建筑物。教堂始建于1818年，耗时40年才完成。教堂四面是成双排列、重120吨的16根大石柱，其支撑的山墙都雕刻着花纹图案，极为美丽壮观。教堂内部到处是价值连城的壁画以及被视为艺术珍品的圣物。

乌克兰

在 辽阔的东欧平原西端，有一个美丽的富饶的国家，它就是享有"欧洲粮仓"美誉的乌克兰。乌克兰的地理位置极为重要，一向有"东欧十字路口"的美誉。

乌克兰位于欧洲东部，黑海、亚速海北岸。北邻白俄罗斯，东北接俄罗斯，西连波兰、斯洛伐克、匈牙利，南同罗马尼亚、摩尔多瓦毗邻。东西长 1316 千米，南北长 893 千米。该国最大山系为西部的东喀尔巴阡山脉，最高峰戈维尔拉峰海拔 2061 米，最长河流第聂伯河发源于俄罗斯，流经乌克兰的河段长 981 千米，大部分地区为温带大陆性气候，克里米亚半岛南部为亚热带气候。

基 辅

乌克兰首都基辅位于乌克兰中北部，第聂伯河中游，是第聂伯河港口和重要的铁路枢纽。基辅具有悠久而光荣的历史，曾是第一个俄罗斯国家基辅罗斯的中心，因而有"俄国城市之母"的称谓。

基辅市接近顿巴斯和第聂伯河沿岸钢铁基地，周围是富饶的农业区，机械制造业和轻工业发达。基辅交通发达，是乌克兰的交通枢纽。东郊设有国际机场，河运直达黑海，市内建有地下铁道。

乌克兰风光。

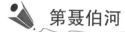
第聂伯河

第聂伯河是俄罗斯欧洲部分的第二大河，发源于俄罗斯瓦尔代丘陵南部混交林地带的沼泽地。主要河港有基辅、第聂伯罗彼得罗夫斯克、扎波罗热和赫尔松。沿岸重要城市有基辅、第聂伯罗彼得罗夫斯克等。人们习惯将第聂伯河划分为上第聂伯河和下第聂伯河，上第聂伯河是从河源至乌克兰境内的基辅，下第聂伯河是从基辅至河口。第聂伯河流域气候较温暖、湿润，从西北向东南，大陆性气候逐渐显著。降雨量由北向南递减，第聂伯河的年径流量变化很大，多水年（1877 年）下游的年平均流量达 3040 立方米/秒，径流量达 960 亿立方米，而枯水年（1921 年）年平均流量只有 717 立方米/秒，径流量仅有 230 亿立方米。第聂伯河现已形成一个大型的水上交通运输干线，通航里程达 2075 千米，沿着第聂伯河可以直通黑海。

克里米亚半岛

克里米亚半岛又称克里木半岛，是位于俄罗斯欧洲南部、黑海北部海岸上的一个半岛。目前是乌克兰的一个自治共和国，首府为辛菲罗波尔。半岛南部属亚热带气候，克里木山地是一长 150 千米、宽 50 千米的中山，北坡平缓，南坡陡峻，最高峰罗曼科什山海拔 1545 米。克里米亚半岛属地中海气候，这里风景秀丽优美，气候温暖潮湿，曾是前苏联著名的旅游疗养胜地，半岛名城雅尔塔曾是苏、美、英三国首脑举行"雅尔塔会议"的地方。近代的克里米亚战争就发生在这里。在果园、葡萄园和树木的掩映下，半岛上散落着许多村庄、清真寺、修道院、俄罗斯皇家宫殿，以及古希腊和中世纪时期的城堡。

德 国

德 国又被称为欧洲大陆上的"十字路口"。神秘的古堡、精致而幽静的田园村镇充满了迷人的浪漫色彩。各历史时期的文物建筑、博物馆及典雅宫殿……揭示了德国古老的文化风景，令人心驰神往。

德国位于欧洲中部，东邻波兰、捷克，南接奥地利、瑞士，西界荷兰、比利时、卢森堡、法国，北接丹麦，濒临北海和波罗的海，是欧洲邻国最多的国家。面积为 35.7 万平方千米。地势北低南高，地貌形态复杂多样，可分为四个地形区：北德平原为冰碛平原，平

柏林夜景。

均海拔不到 100 米；中德山地，由东西走向的高地块构成；西南部为莱茵断裂谷地区，两旁是山地，谷壁陡峭；南部的巴伐利亚高原和阿尔卑斯山区，其间拜恩阿尔卑斯山脉的主峰祖格峰海拔 2963 米，为全国最高峰。主要河流有莱茵河（流经境内 865 千米）、易北河、威悉河、奥得河、多瑙河。较大湖泊有博登湖、基姆湖、阿莫尔湖、里次湖。西北部海洋性气候较明显，往东、南部逐渐向大陆性气候过渡。

德国是世界的第四大经济体。高度发达的工业国家，经济实力居欧洲首位。德国旅游景点非常多，旅游业极为发达。柏林、科隆、吕贝克等地的文化古迹和阿尔卑斯山区秀丽的山川风光都足以使游客慕名而来。

柏林墙

柏林墙，正式名称为反法西斯防卫墙，是德国首都柏林在第二次世界大战以后，德意志民主共和国（简称民主德国或东德）在己方领土上建立的围墙，目的是隔离东德和德意志联邦共和国（简称联邦德国或西德），从而阻

柏林乡间小路。

隔东西柏林之间市民的往来。柏林墙的建立，是二战以后德国分裂和冷战的重要标志性建筑。1961 年建造，1989 年拆除，两德重归统一。柏林墙的建立，是德国历史上难以抹去的一道伤疤，这个民族那时最大的悲哀，莫过于再次分裂。

柏林墙先后经过多次改建。柏林墙的整体是窄长的带状禁区和两重建筑物。外层墙高 3.5 米，水泥板结构，紧挨西柏林边界。为防止攀缘，上部的设计采用了笔状建构。到 1979 年 5 月，西柏林周围共筑了水泥墙 10 千米，水泥板墙 104.5 千米，铁丝网 55 千米，以及起监视和管理作用的 253 个瞭望台、270 个警犬桩、136 个碉堡、108 千米防汽车壕。另外，这里还建了长达 123.5 千米的铁栅栏、自动射击系统和巡逻道，具有一接触即发出信号的报警作用。柏林墙同时设有 7 个过境通道，其中有一个专为盟军、外交官和外国记者使用。

1990 年 10 月 3 日，东德和西德终于重新统一，联邦政府在征询

柏林国会大厦。

广大市民的意见后，决定重建一堵具有象征意义的柏林墙。新建成的柏林墙长只有70米，"死亡地带"、岗亭、铁丝网等一应俱全。参观的游人可通过这堵象征性的柏林墙窥测它的原始面貌。

波茨坦与柏林的宫殿和庭院

波茨坦与柏林的宫殿和庭院坐落在德国的波茨坦州。从普鲁士国王弗雷德里希二世时就开始在此建造宫殿。圣西斯宫被其用做夏季行宫，因此宫殿建筑的主要构思由国王亲自提出，当时由国王亲手绘制的两张建筑图纸至今还珍存在宫殿里。这座宫殿是德国洛可可式建筑，西侧是供来宾使用的房间，著名思想家伏尔泰曾在这里生活过三年；东侧是国王私人房间。1769年，国王修建了拥有200多个房间的冬季行宫。

围绕着圣斯西宫的鲁斯特庭院包括草坪、菜园、狩猎场等几个重要组成部分。

孔雀岛是位于柏林西南端的哈弗尔河中的岛屿，自1795年起，这里先后建起了精美的宫殿、橡树林和玫瑰园。岛上因放养了很多孔雀而得名。

19世纪后，波茨坦又修建了分别属于三位王子的宫殿：古里尼凯宫、沙尔劳腾霍夫宫和巴贝贝尔克宫。

采茨利霍夫宫是著名的《波茨坦协定》的签署地，建于1791年。它曾是普鲁士国王为其妹妹和妹夫建造的别宫，后由一位商人买下后改为别墅。宫殿的正面大厅就是签约的地方。在厅内中央的一个大圆桌周围分别放着三把大扶手椅，桌上则插放着苏、美、英三国国旗。每把扶手椅之间是与会三国的高级官员入座的靠椅。厅的上部设有供当时各国记者作为新闻厅的楼廊。

拥有5平方千米的公园和150座在1730年到1916年间建造的建筑物，波茨坦

波茨坦宫殿正观。

宫殿和庭院的结合构成了一个艺术体系。它的唯一感觉就是折中的自然性。它一直延伸到伯林—采伦多夫区，并且宫殿和庭院把哈弗尔河和格列尼克湖连接起来。位于桑图谢—苏西宫殿的伏尔泰宫是1745年到1757年弗雷德里克二世在位其间修建的。

古都吕贝克

位于德国东北部的古都吕贝克距汉堡东北约60千米，坐落在河中的小沙洲上，是北欧著名的旅游城市。因此当地人称之为"留比凯"，意为"迷人的地方"。

12世纪初，在吕贝克的领主海因里希的允诺下，城堡开始正式修建。后来，形

古都吕贝克。

成特权阶层的商人还在这里成立了市参议会，建筑了教堂。从此，由国王直接管辖的吕贝克开始兴旺发达。到1226年，吕贝克实现完全自治，发展成为"帝国自由都市"和"帝国商业中心"。为了使正常的商业活动免受海盗的骚扰，吕贝克与汉堡结成同盟，对彼此之间的商业活动进行保护，由此诞生了"汉萨同盟"。

吕贝克市内有众多的中世纪古建筑。有建于13世纪—15世纪的市政厅，其正面为文艺复兴时的建筑形式，并饰以彩色瓷砖。建于14世纪的圣詹姆斯教堂，巍峨壮丽。该地的教堂内有16世纪的祭坛和后期哥特式风琴。建于13世纪的圣灵医院，现在已成为敬老院，是德国现存最完好的中世纪僧侣客舍。霍尔斯腾特尔城门现为历史博物馆，建于1447年，巨大的双圆塔是吕贝克的标志性建筑。这些建筑都反映了吕贝克古都的风貌。

瑞 士

传说西欧中部一块面积不大的地方土地资源匮乏，造物主为了弥补这一缺憾，于是赐予它雄伟的高山、清澈的湖泊，令游人沉醉于它的美丽而忘记归途。这就是有着"世界公园"之称的瑞士。

瑞士位于欧洲中西部，是一个内陆山国，许多国际组织落户于此。瑞士地势南高北低，境内多山，有"欧洲屋脊"之称。瑞士境内湖泊星罗棋布。

瑞士是举世闻名的旅游大国，被誉为"世界公园"。苏黎世、日内瓦、洛桑、伯尔尼都是以旅游而著称的城市。此外，瑞士是有名的"钟表王国"，钟表业的发达极大地带动了旅游业的发展。

伯尔尼老城

伯尔尼老城位于瑞士首都伯尔尼。

兴建于 1191 年的伯尔尼城曾经是一座军事要塞，1339 年伯尔尼脱离了德国，1353 年加入瑞士

联邦，1848 年成为瑞士首都。在德语中"伯尔尼"是熊的意思，因为伯尔尼在建城的 12 世纪前曾有野熊出没，因此取名为伯尔尼，伯尔尼也因此有"熊城"之称。伯尔尼大部分建筑物都建于 17 世纪—18 世纪。大街长 5 000 米。最具特色的是

大街的钟楼，总是在标准时间前 3 分钟鸣响。

始建于 1412 年，1573 年重建的哥特式大教堂是市内最高的建筑物。教堂高大无比，尖塔直冲云霄。兴建于 1852 年—1857 年的"联邦宫"，即联邦议会大厦，就坐落在大教堂不远处。绿色的圆顶表现出了文艺复兴时期的建筑特色，在一片红色的瓦顶之中更显醒目。伯尔尼老城的完好保存是源于人们对它的尊重，后人将新的建筑修建在古城之外，以便保存古城的风貌。日内瓦万国宫是瑞士日内瓦的特色建筑，宫内湖光山色。它是二战前国联大厦所在地，现在为联合国欧洲总部即联合国驻日内瓦办事处。万国宫坐落在日内瓦东北郊的莱蒙湖畔的山丘上，与阿尔卑斯山遥遥相望。它由大会厅、图书馆、理事会厅以及新楼组成，这四座建筑构成了一个宏伟的建筑群。大会厅位于中央，图书馆位于北侧，理事会厅则位于南侧。

此外，还有阿里安纳花园，总面积达 2.5 平方千米。六层楼的大会厅最多能容纳一千八百多人。理事会厅富丽堂皇，墙壁和天花板都绘有西班牙艺术名家以正义、力量、法律和智慧为主题的作品。一幅浮雕壁画横贯整个天花板，象征了五大洲人民的 5 个巨人，手紧握在一起站在宇宙中，代表了全世

界人民的团结与合作。在万国宫主楼前，有一个绿草如茵的大广场。一个巨型的青铜浑天仪屹立在广场中央，浑天仪上刻着代表 12 宫的雕刻，而它的旋转角度与地球相结合。

日内瓦

日内瓦城内设有 2 000 个国际组织和各种代表机构。近年来，每年有五六千个国际会议在这里召开，几乎每天都要召开十几个国际会议，因此，日内瓦成为会议举办者的首选之地。日内瓦湖，又称莱蒙湖，日内夫湖以及利曼湖，是西欧地区的一大名湖。湖长 72 千

日内瓦湖风光。

米、宽 8 千米，面积 580 平方千米，湖面从瑞士南段的日内瓦郊区一直延伸至法国东部，因此分属两个国家，各占湖的一半。日内瓦湖以著名的风景区与疗养胜地而闻名于世。

日内瓦湖是阿尔卑斯山区最大的湖泊，它终年不结冰，湖水幽深而清澈，平静的水面波澜不兴，只见烟霞万顷。令人惊叹的是湖中的人工喷泉，白色如练的水柱，喷向 130 米外的高空，阳光下的水柱成为一道迷人的彩虹。水雾随风飘逝，恰似薄纱轻舞，引人入胜。

湖畔有花钟，别墅连绵于湖畔。花木掩映，水色清明，实乃人间仙境。湖中的天鹅和水禽自由嬉戏，游艇和彩帆游弋其间。白鸽宁静而祥和地徜徉在湖畔。湖中不时有举办音乐会或舞会的游船，悠扬的乐声与波涛声组成了一首令人心醉神驰的交响曲。湖中心处架有勃良峰桥，沿湖则分布着珍珠公园、植物园、英国公园等各具特色的园地。

苏黎世

瑞士第一大城市苏黎世，是苏黎世州首府及全国工商业中心。

它位于阿尔卑斯山北部，苏黎世湖西北端和利马特河通苏黎世湖的河口处。

苏黎世的历史可以追溯到二千多年前，其诞生的标志是公元前15年罗马人在此处设立的关卡，现在这个关卡的遗迹仍保留在利马特河左岸的菩提园内。苏黎世于1218年修建城邦，于1336年实现自治，于135 1年加入了瑞士联邦。

苏黎世城内随处可见的是中世纪时期的教堂塔尖、喷泉、古堡。而利马特河两岸分布有罗马大教堂、市政府、修女院和许多现代化住宅、旅店、饭店等。

从"地下街"出来往南走，便是著名的班霍夫大街，它与西尔波特大街、交易所大街组成了苏黎世的商业区。班霍夫大街的尽头便是苏黎世湖畔，只要搭乘游轮，就可饱览苏黎世的湖光山色。苏黎世湖是一个半月形的湖泊，从东南一直延伸到西北40千米处，湖中最深处有140多米。湖侧延伸着白雪皑皑的阿尔卑斯群山，湖畔的缓坡上，住宅和别墅点缀在葱郁的葡萄园、果树园和森林间。堤坝横亘在拉珀斯维尔和胡尔顿之间，并将湖水截断。站在湖边，放眼望去，蓝天映碧水，白云衬银帆，雪冕冰冠的阿尔卑斯山峰峦起伏，美不胜收。瞬息万变的天气则是苏黎世的又一奇特之处，晴空万里时，忽然会乌云密布，即刻便是大雨倾盆，但不到3分钟，又是艳阳高照。如此独特的天气，对这座美丽的城市而言，无异于是锦上添花。

挪 威

挪威是世界上保留原始峡湾风光最多的国家，也是北欧最重要的国家之一。挪威资源众多，石油和天然气储量惊人，可利用的森林和水力资源也极为丰富。

挪威王国位于北欧斯堪的纳维亚半岛西部，东邻瑞典，东北与芬兰和俄罗斯接壤，南同丹麦隔海相望，西濒挪威海，海岸线极其蜿蜒曲折，构成了挪威特有的峡湾景色。挪威的领土还包括斯瓦尔巴群岛和扬马延岛，首都为奥斯陆。自2001年起挪威已连续六年被联合国评为最适宜居住的国家。斯堪的纳维亚山脉纵贯全境，高原、山地、冰川约占全境的2/3以上，全国最高峰为格利特峰，海拔2 470米。南部小丘、湖泊、沼泽广布。该国大部分地区属温带海洋性气候。挪威地理位置偏北，其最南端比中国最北端还要偏北。北极圈横穿挪威北部，北部一些城市到了六七月份就会出现极昼现象，可以看到午夜的太阳以及美丽的北极光。挪威最北端的北角也是欧洲大陆的最北点。

奥斯陆

奥斯陆，欧洲北部城市，位于挪威东南部，是挪威的首都和最大城市，也是挪威的政治、金融、商业和工业中心，它的造船业在世界造船中占有突出地位，堪称"海洋之都"。岛上有著名的海盗船博物馆和民俗博物馆。民俗博物馆是世界上最早的露天博物馆，这里集中展示了整个挪威的民风民情。民俗博物馆边的海盗博物馆是斯堪的纳维亚国家中最受欢迎的海盗文化宝库之一。展品均是从奥斯陆峡湾地区维京人的墓穴中发现的，其中最为壮观的是两艘世界上保护得最好的建造于公元 9 世纪的木制海盗船。博物馆中还展示了许多维京人的用品，包括马车、炊具等。游人可根据它们遥想"海盗岁月"。漫步奥斯陆市区，在城市临海的地方，有一座古代与现代建筑风格巧妙结合的大型建筑物，这就是奥斯陆市政厅。大厅前面的广场，有花圃、喷泉，造型别致，富有公园格调。奥斯陆也是诺贝尔和平奖的颁奖地，每年的颁奖仪式就在奥斯陆市政厅举行。

四大峡湾

峡湾是挪威最有代表性的景观，甚至连地质专家都将挪威称为"峡湾国家"，只有在欣赏了挪威西海岸连绵不绝的曲折峡湾和由无数冰河遗迹缃筑的峡湾风光之后，才能感受到这个神奇国度动人心魄的魅力。

盖朗厄尔峡湾位于挪威西南岸的卑尔根北部，是挪威峡湾中最为美丽神秘的一处。峡湾全长 16 千米，两岸耸立着海拔 1500 米以上的群山。盖朗厄尔峡湾以瀑布众多而著称，有许多瀑布沿着陡峭的岩壁泻入该峡湾，如"新娘的面纱"和"七姊妹"等。

松恩峡湾是挪威最大的峡湾，也是世界上最长、最深的峡湾，全长达 240 千米，最深处达 1308 米。两岸山高谷深，谷底山坡陡峭，垂直向上，直到海拔 1500 米的峰顶。松恩峡湾其实是一个峡湾主干，它还附有许多小峡湾，其中最著名的纳勒尔峡湾是世界上最狒窄的峡湾，最窄处仅 250 米。

哈当厄尔峡湾全长 179 千米，是四大峡湾中最为平缓的一处，拥有田园般的风景。峡湾两岸山坡的果树鲜花盛开，缤纷烂漫。哈当厄尔峡湾尽头是著名的休闲胜地——乌托内和洛夫特胡斯的乌伦斯旺地区。哈当厄尔峡湾沿线也有许多壮观的瀑布，还有哈当厄尔高原国家公园，以及挪威第三大规模的弗格丰纳冰河等景观。

吕瑟峡湾位于挪威南部，全长 42 千米。吕瑟峡湾的入口是挪威西海岸的斯塔万格。河水在突兀的峭壁和巍峨的群山之间蜿蜒流淌，两岸巨岩兀立，站在巨岩之上，会让人感觉自己犹如飘浮在空中，能强烈地感受到大自然的活力。

芬 兰

芬兰是著名的"北欧三国"（其他两国是挪威和瑞典）中面积最小的国家。芬兰面积虽小，资源却极为丰富，并且有着悠久的历史。芬兰全境风光秀丽、民风淳朴，是一个非常值得观光和游览的国家。

享有"千湖之国"盛誉的芬兰位于欧洲北部。与瑞典、挪威、俄罗斯接壤，南临芬兰湾，西濒波的尼亚湾，海岸线长 1100 千米。地势北高南低，北部与东部有高地，其余大部分地区为丘陵和平原。全境有大小湖泊六万多个，沿海岛屿优美。芬兰境内拥有极其丰富的森林资源。全国森林面积达 2 6 万平方千米，人均林地 0.0389 平方千米。全国有 66.7% 的土地被森林覆盖，其覆盖率居欧洲第一位，世界第二位。树种以云杉林、松树林和白桦林居多，茂密的丛林中到处是鲜花和浆果。南部的塞马湖面积达 4400 平方千米，是芬兰第一大湖。芬兰最早的居民为拉普人，故芬兰又称拉普兰，以后芬兰人迁入，建立了芬兰大公国，12 世纪后半期开始被瑞典统治。由于芬兰的拉普兰省的大部分处于北极圈内，所以在此地可以看到极夜与极昼，在极昼中，午夜的天空也不会灰暗，即使在南部海岸，也有 19 ~ 20 个小时的日照。

芬兰严峻的气候条件以及特殊的地理位置和历史，使芬兰人形成了极富北欧特色的民族性格。芬兰人陛格内敛，行事低调，但实际上内心充满了民族自豪感，在全球化的今天并不随波逐流，而是坚定地维护着自己的传统文化。芬兰有很多著名人物：伟大的音乐家西贝柳斯开创了民族音乐的新纪元，被誉为芬兰民族音乐之父；语言学家伦洛特编撰的充满传奇色彩的民族史诗《卡勒瓦拉》成为世界文学史中最伟大的史诗之一；著名建筑大师阿尔瓦·阿尔托以充满芬兰本土传统浪漫风格的设计在现代主义建筑设计潮流中独树一帜。芬兰还是圣诞老人的故乡。在每年的平安夜，孩子们会在睡觉前将长筒袜挂

在壁炉旁，然后带着热切的期盼进入梦乡，圣诞老人晚上会乘着驯鹿拉的雪橇，把圣诞礼物从壁炉烟囱中分发到孩子们的长筒袜里。

 ## 赫尔辛基

　　赫尔辛基是芬兰的首都，濒临波罗的海，素有"波罗的海明珠"之称。赫尔辛基建在一个丘陵起伏的半岛上，两岸是美丽如画的海港，并且被几十个岛屿环绕着。城市内的湖泊星罗棋布，周围满是茂密的森林，景色十分迷人。城市内最著名的大街叫满纳汗大道，是繁华的商业中心，也是优美建筑和文化设施林立的文化中心。芬兰地处高纬度，在夏季，光照时间长达20个小时，因此赫尔辛基又被称为"北方的白昼城""太阳不落的都城"。赫尔辛基是1550年创建的，迄今已有四百多年的历史。今天的赫尔辛基是一座古典美与现代文明融为一体的都市，既体现出欧洲古城的浪漫情调，又充满国际化大都市的韵味。同时，它又是一座都市建筑与自然风光巧妙结合在一起的花园城市。市内建筑多用浅色花岗岩建成，有"北方洁白城市"之称。在大海的衬托下，无论夏日海碧天蓝，还是冬季流冰遍浮，这座港口城市总是显得美丽洁净，被世人赞美为"波罗的海的女儿"。在赫尔辛基的海港市场上，有一尊名叫"波罗的海的女儿"的铜像，是赫尔辛基的象征。

　　赫尔辛基不仅是芬兰政治、经济、文化和商业中心，同时也是芬兰最大的港口城市，市区面积448平方千米，人口48.4万，全国50%的进口货物通过这里进入芬兰。这座位于东西方之间的都市还建有全国最大的航空港，四十多条国际航线通往世界各大城市。赫尔辛基也是一座充满活力的文化都市，曾被选为2000年欧洲9个文化城市之一。已有三百五十多年历史的赫尔辛基大学不仅是芬兰最古老的大学，也是北欧最大的高等学府。2006年7月，赫尔辛基与北京正式建立友好城市关系。

冰　岛

冰 川与火山本是不能共存的两大自然景观，然而在冰岛，两大自然景观却得以和谐共处，从而展现了世界上其他地方所没有的"冰火两重天"的自然奇景。

冰岛是欧洲最西部的国家，北大西洋中的一个岛国，位于格陵兰岛和英国中间，靠近北极圈，是欧洲第二大岛，首都雷克雅未克。冰岛约13%的国土被冰雪覆盖。冰岛有100多座火山，以"极圈火岛"之名著称，共有火山200～300座，有40～50座活火山。主要的火山有拉基火山、华纳达尔斯火山、海克拉火山与卡特拉火山等等。华纳达尔斯火山为全国最高峰，海拔2119米。几乎冰岛整个国家都建立在火山岩石上，大部分土地不能开垦，是世界上温泉最多的国家，被称为"冰火之国"。这里多喷泉、瀑布、湖泊和湍急河流，最大的河流锡尤尔骚河长227千米。因受北大西洋暖流影响，冰岛较同纬度的其他地方温和。夏季日照长，冬季日照极短。秋季和冬初可见到极光。

冰岛属于中等发达国家，水产资源丰富，渔业是冰岛国民经济的重要支柱。白隼是冰岛的国鸟。这是一种北极鸟，体形大，飞得快，善于袭击其他鸟类。白隼有三种体色，纯白色的极少，异常珍贵。1980年起冰岛大力发展旅游事业，主要旅游点有大冰川、火山地貌、地热喷泉和瀑布等。冰岛的人均国内生产总值名列世界前茅。冰岛的空气与水源的清新纯净在世界上堪称第一。今日的冰岛已是一个高度发展的发达国家，拥有世界排名第五的人均国内生产总值，以及世界排名第一的人类发展指数。

 ## 雷克雅未克

雷克雅未克是冰岛首都和第一大城市，位于冰岛西部法赫萨湾东南角、塞尔蒂亚纳半岛北侧，也是冰岛最大的港口城市，世界上最北的首都。其西面临海，北面和东面被高山环绕，每当朝阳初升或夕阳西下，山峰呈现出娇艳的紫色，海水也变成深蓝色。入冬以后，山巅覆盖着白纱似的积雪，分外壮观。加上城市的房屋多涂成红红绿绿的色彩，更为整座城市增添了几分美丽。

受海洋的影响，雷克雅未克的气候比较温和。这里的7月份平均温度为11℃，1月份平均温度为–1℃。由于这里地热资源丰富，地区温泉很多，冰岛人早在1928年起就开始在雷克雅未克建起了地热供热系统，为全市居民提供热水和暖气。热水到用户家中还能达到90℃的温度，因此整个城市很少使用煤。由于地热能为城市的工业提供能源，因此人们在这里看不到其他城市常见的锅炉和烟囱。雷克雅未克天空蔚蓝，市容整洁，几乎没有工业污染，故又有"无烟城市"之称。

雷克雅未克是全国政治、商业、工业和文化中心以及重要的渔港。政府各部、议会、中央银行及重要的商业银行均设于此。该市的工业约占全国的一半，主要有鱼类加工、食品加工、造船和纺织等。航运在该市经济中占有重要的地位，有客、货班轮通往世界各地。

雷克雅未克城市布局匀称，很少有高楼大厦，主要的建筑物和小巧玲珑的居民住房外表多漆成红红绿绿的，与城东、城北覆盖着皑皑白雪的山峰交相辉映，分外美丽。

雷克亚未克是欧洲文盲率最低的城市，也是创作和研究的好地方。这里的夏季很晚才天黑，年轻人每晚都涌上街头举行社交聚会。每当朝阳初升或夕阳西卜，两面紫色的山峰便与深蓝的海水遥相呼应，让人感觉仿佛置身画中。

丹　麦

提到丹麦，人们首先会想到的就是《安徒生童话》。其实，丹麦人虽生活在童话里，但他们同时也是世界上最务实的民族之一。丹麦人民用他们勤劳的双手把自己的生活谱写成了童话。

　　丹麦位于欧洲北部，日德兰半岛上，是北欧最小的国家。该国南同德国接壤，西濒北海，北与挪威、瑞典隔海相望。海岸线长7314千米。地势低平，平均海拔约30米。属温带海洋性气候。平均气温1月–2.4℃，8月平均气温为14.6℃。年均降水量约860毫米。丹麦并不像人们想象的那么冷，大部分地区气候与我国相似。

　　丹麦是比较发达的西方工业国家之一，社会福利待遇很好，人民生活以高福利、高收入、高税收、高消费为特征，人均国内生产总值居世界前列。丹麦的农牧渔业及食品加工业发达，并在许多工业方面掌握着先进的生产技术和经验。近年来，丹麦政府坚持适度紧缩的财政政策，采取了积极的措施稳定金融市场及汇率。

　　丹麦自然资源较贫乏。除石油和天然气外，其他矿藏很少，所需煤炭全部靠进口。北海大陆架石油蕴藏量估计为2.9亿吨，天然气蕴藏量约2000亿立方米。1972年起开采石油，2000年产油1 773万吨，为欧洲第3大石油输出国。探明褐煤储量为9000万立方米。森林覆盖面积4860平方千米，覆盖率约10%。北海和波罗的海为近海重要渔场。

　　丹麦有"童话之国"的美誉。丹麦拥有以创作童话闻名于世的著名作家安徒生，根据安徒生童话《海的女儿》中的女主角形象用青铜雕铸的"美人鱼"铜像，就立在丹麦首都哥本哈根朗厄里尼港入口处的一块巨大鹅卵石上，现已成为丹麦的象征。为纪念丹麦伟大童话作家安徒生，在丹麦菲茵岛中部的奥登塞市区建有安徒生博

物馆。博物馆是一座红瓦白墙的平房，坐落在一条鹅卵石铺的街巷里。这里临街的一幢幢古老式样的建筑，使人感到仿佛回到了19世纪安徒生生活的年代。

　　丹麦物理学家尼尔斯·玻尔和他的学生沃纳·海森堡一起创立的著名量子力学学派就称为"哥本哈根学派"。到目前为止共有13位丹麦人获诺贝尔奖。丹麦在生物学、环境学、气象学、免疫学等方面处于世界领先地位。同时丹麦奉行使每个社会成员在文化方面具有平等发展的文化方针，鼓励地方发展文化事业。

哥本哈根

　　丹麦首都哥本哈根位于丹麦最大的岛——西兰岛东部，城市的一小部分位于阿玛格尔岛上。面积为97平方千米，隔着厄勒海峡，和瑞典重要海港马尔默遥望。从地质上来看哥本哈根位于冰川时期留下来的冰碛层上。哥本哈根属于温带海洋性气候，四季温和。夏季平均气温最高约为22℃（72°F），最低约为14℃（57°F），而冬季的低温约为0℃（32°F）。降雨量也十分适中，但全年四季皆有雨。冬季仅有少量降雪。

　　根据丹麦的历史记载，哥本哈根在11世纪初还是一个小小的渔村和进行贸易的场所。随着贸易的日益繁盛，到12世纪初发展成为一个商业城镇。15世纪初，成为丹麦王国的首都。哥本哈根在丹麦文中就是"商人的港口"或"贸易港"的意思。

　　现在的哥本哈根作为丹麦政治、经济、文化的中心，是丹麦最大和最重要的城市，也是北欧最大的城市，著名的古城，人口67.2

万。丹麦全国重要的食品、造船、机械、电子等工业大多集中在哥本哈根。哥本哈根的海港水深港阔，设备优良，是丹麦最大的商港。哥本哈根市容美观整洁，市内新兴的大工业企业和中世纪古老的建筑物交相辉映，使它既包含现代化的都市，又具有古色古香特色的元素。在许多古建筑物中，最有代表性的是一些古老的宫堡。坐落在市中心的克里斯蒂安堡年代最为久远。现在的克里斯蒂安堡是1794年被大火焚毁以后重建的。过去，它曾是丹麦国王的宫殿，现在成为议会和政府大厦所在地。建筑在厄勒海峡出口处岩石上的克伦堡宫，是昔日守卫这座古城的一个军事要塞，至今还保存着当时修建的炮台和兵器。此外，现在丹麦国王居住的王宫——阿马林堡，也颇负盛名。

哥本哈根市政厅的钟楼，也常常挤满了好奇的来访者，因为那里有一座机件复杂、制作精巧的天文钟。据说，这座天文钟不仅走得极其准确，而且还能计算出太空星球的位置，能告诉人们一星期各天的名称、日子和公历的年月、星座的运行、太阳时、中欧时和恒星时等。这座天文钟是一个名叫奥尔森的锁匠花费了40年心血、耗费巨资建造成的。

哥本哈根共有二十多个可供人们参观的博物馆和十多个大大小小的公园。其中最美丽的要算是哥本哈根朗厄里尼港湾畔的海滨公园。在那里的一块巨大的岩石上，有一尊世界闻名的"美人鱼"铜像。这是丹麦雕塑家艾里克森于1913年根据安徒生的童话故事《海的女儿》塑造的。它就像伦敦的大桥，巴黎的铁塔，成为哥本哈根的标志。此外，市中心的趣伏里公园是世界著名的娱乐场所。哥本哈根市内众多的这类青铜雕塑，使这一古城充满了诗情画意。北欧规模最大的动物园和水产博物馆也位于哥本哈根。创办于1479年的哥本哈根大学是北欧最早的高等学府。人们为了一睹哥本哈根市的美丽景色和名胜古迹，每年约有一千万人从世界各地来哥本哈根旅游。

亚 洲

YA ZHOU

韩　国

韩国是一个经济发达的国家，其境内名胜古迹众多，尤其是高丽王朝的古文物，具有很高的历史文化研究价值。一些寺庙和宫殿都有中国古建筑的遗风。

韩国位于亚洲东部朝鲜半岛上。

境内东部主要是丘陵和山地，平原则主要分布在沿海和西部地区，多处于温带季风气候带。

韩国境内有很多的名胜古迹，20 世纪 80 年代，韩国政府"旅游立国"方针的制定，使国家的旅游

首尔风光。

市场迅速发展起来。根据境内的名胜古迹的特点和观赏价值，韩国开辟出国立公园 15 个、地方公园 20 个、大众公园 17 个、游园地 19 个，吸引了众多国内外游客。

　首　尔

韩国首都首尔是韩国政治、经济、文化和教育的中心，也是全国陆、海、空交通枢纽。它位于朝鲜半岛中部，地处盆地，汉江迂回穿城而过。首尔属于温带大陆性气候，四季分明，春、秋季节少雨，气候温和。夏季受季风影响，高温多雨，冬季比同纬度其他城市寒冷。首尔全市被海拔 500 米左右的山和丘陵所环绕，市区的40% 是山地和河流。整座城市北部地势较高，北汉山、道峰山、鹰峰构成了一道天然屏障。东北部有水落山、龙马峰，南部有官岳山、

三圣山、牛眠山等，东南部和西部是百米左右的丘陵，形成了首尔的外廓。城市的西南部为金浦平原。城市的中部由北岳山、仁旺山、鞍山等环绕成内廓，中间形成盆地。

2004 年，时任汉城市市长的李明博提出把"汉城市"的中文译名改为"首尔"。随后 2005 年 1 月，韩国政府通过决议，"汉城"一词不再使用，改称"首尔"。首尔地势险要，是韩国重要的军事要塞和物资集散地、陆运交通枢纽、国际航空中转站，韩国政府机关及金融、企业、文教事业和宣传机构均云集于此。

宗 庙

位于首尔市中心区的宗庙，坐落在韩国总统府青瓦台的东面，是一组花园式建筑。韩国的宗庙制度起源于中国，中国周朝时就设立了七代祖宗灵位的七庙制，明朝实行九庙制。朝鲜李氏王朝的宗庙是七庙制，宗庙的西侧有祭祀国土神的圣祠、祭祀五谷神的祭坛，与中国周朝京城"左庙右祠"的布局相似。

1421 年，国王世宗修建了安放太祖之前的四代祖先牌位的永宁殿。1592 年，正殿和永宁殿在战乱中被烧毁，1608 年重建。到了1836 年，经过多次扩建后的正殿和永宁殿基本形成了今天的规模。

宗庙中两座最主要的建筑是正殿和永宗殿。宗庙还设有国工准备祭祀仪式的斋室、安放有 83 位朝鲜王朝开国功臣牌位的功臣堂，

扩建后的永宁殿风采依旧。

此外还有典祀厅和乐工堂、香大厅。南神门是宗庙的正门。过了南神门，即是巨大的石铺月台。月台上是宗庙的主殿，正殿宽100米左右，占地2270平方米。正殿两侧是翼室，中央部分是太室。朝鲜王朝19位国君和他们王后的牌位被供奉在太室的19个神龛之中。

正殿的屋顶是横向延伸的，正殿中有排列整齐的暗红色柱子，四周有宽阔的向外侧微微倾斜的月台，这样做可以避免雨天形成积水。正殿还用砖头砌成了"神灵之路"，这一切都使正殿显得简朴、庄重，似乎还弥漫着些许神秘的气息。

宗庙是进行祭祀活动的祠堂。在朝鲜王朝时期，这种祭祀是按照儒教形式进行的，与社稷坛的祭祀同等重要，是国家最高规格的祭礼。国王、太子及文武百官均参加这个重要仪式。现在每年5月的第一个星期日，宗庙还会举行古代传统的祭祀仪式。仪式上有乐曲演奏和舞蹈等表演。

韩国首尔优美的宗庙建筑。

日 本

日本是一个风光秀丽的岛国，有世界闻名的樱花，浪漫而多情；有盛名远播的富士山，如玉扇倒悬；有名扬天下的法隆寺，古老而庄严。这些自然风光和名胜古迹吸引了世界各国的游人。

日本位于亚洲东部的太平洋上，西、北隔东海、黄海、日本海、鄂霍次克海与中国、朝鲜、俄罗斯相望，东濒太平洋。包括本州、九州、四国、北海道 4 个大岛及 3900 多个小岛，是一个名副其实的岛国，也是世界上填海造陆最多的国家，填海造陆的面积多达 1600 平方千米。日本自 20 世纪 60 年代末期起一直是世界公认的第二号资本主义经济强国，实行君主立宪政体，被称为"日出之国"。日本为单一民族国家，国内大城市主要有东京、大阪和神户等。

日本有着曲折狭长的海岸线，港湾众多，日本北海道有世界最著名的渔场之一——北海道渔场，其成因是千岛寒流与日本暖流交汇。山地面积约占全国总面积的 76%。全国最高峰富士山海拔 3776 米。气候湿润，属于温带海洋性季风气候。

日本多樱花，有三百多个品种，因而被誉为"樱花之国"；境内还多火山和地震，又被称为"火山地震之邦"。

日本旅游资源极其丰富，绚丽多姿的自然风光、具有东方特色的名胜古迹、先进发达的现代化国际都市，以及完善的旅游服务设施，使日本成为举世闻名的旅游大国。

东 京

东京全称东京都，是日本的首都，也是全球最大的都市圈之一。东京都特别区的人口约有 860 万人，是人口密度高度集中的大城市之一。这里是日本的政治、经济、文化中心，是日本的海、陆、空交通枢纽，也是现代化国际都市和世界著名旅游城市之一。

东京位于本州岛关东平原南端，其东南濒临东京湾，连通太平洋。东京有许多名胜古迹和著名的国际活动场所。市中心是银行最集中的地方，游乐场所也特别多，银座商业区因汇总了世界百货而闻

日本浮世绘作品——喜多川歌麿绘的《宽政三美人》。

名，这三个地区是繁华东京的缩影。东京还是日本最大的工业城市，全国主要的公司都集中于此。资本在 50 亿日元以上的公司 90% 集中在东京，全国各大银行的总行或主要分行都设在东京，东京的千代区和中央区分别设有闻名于世界的日本银行和活跃于世界股票市场的东京证券交易所。

在东京的街头巷尾，到处可见神社寺院，就连著名的商业区银座，也有大大小小很多座神社，供奉着维持商业繁荣的守护神。1979 年 3 月 14 日，东京和北京市结为友好城市。

长 野

长野是日本比较罕见的内陆市之一，被称作日本的"屋脊"。1998 年的冬季奥运会使长野市声名远播。此外长野市还是自然、历史、文化的宝库。长野市的气候特点是夏季凉爽，春秋两季则给人以活力，冬季下雪，耐人寻味。那里山峦叠嶂，而且到处都有温泉，疗效显著，深受当地居民和海内外游客的青睐。长野的旅游资源很

丰富，北阿尔卑斯山的穗高群峰是日本山岳旅行的最佳选择，附近的松本城的天守阁是日本历史上最为悠久的城堡。城里还有日本司法博物馆和日本浮世绘博物馆。往北走，是长野市最著名的善光寺和长野市立博物馆。长野市附近有著名的温泉乡，在地狱谷的野猿公园栖息着许多爱洗温泉的猴子。东部的轻井泽是日本著名的避暑别墅区，高尔夫球场、网球场、跑马场等娱乐设施齐备。

往南的诹访湖畔，屹立着古朴的诹访大社。长野市有以国宝善光寺为代表的许多旅游资源，该市自然环境优美、山清水秀，被称为"东洋瑞士"，来到这里的游客无不被它的自然景色所打动。

善光寺据传是由本田善光于公元 7 世纪主持建造的。善光寺的主佛据说是从百济首次传到日本来的佛像，公元 654 年变成秘佛，现在已经不能直接参拜了。主佛的替身前立主佛每隔 7 年从宝库移到正殿开龛，供人参拜，这就是善光寺开龛。该寺不属于任何宗派，受老百姓广泛信仰，尤其是自古以来，以向妇女开放而著称。正殿屡遭大火，但每次灾后都加以重建。善光寺拥有日本面积最大的铺有柏树皮的屋顶。

朝　鲜

朝鲜是一个历史悠久的亚洲古国。在封建社会时期，朝鲜就与中国保持着密切的往来。唐朝时，朝鲜多次派遣使者到中国学习先进的政治经济制度和文化知识，并与中国人民结下了深厚的友谊。

朝鲜是位于亚洲东部朝鲜半岛北部的社会主义国家。1910 年 8 月，朝鲜半岛沦为日本殖民地。1945 年 8 月 15 日获得解放，同时，苏、美两国军队以北纬 38°线为界分别进驻朝鲜半岛北、南半部，朝鲜半岛从此处于分裂状态。1948 年 9 月 9 日，朝鲜民主主义人民共和国宣告成立，由朝鲜劳动党执政。1958 年，朝鲜宣布完成了城市、农村生产关系的社会主义改造，建立了社会主义经济制度。1970 年宣布实现了社会主义工业化。1991 年 9 月 17 日同韩国一道加入联合国。朝鲜北部与中国为邻，东北与俄罗斯接壤，南部隔军事分界线与韩国接壤，东南与日本隔海相望。平均海拔高约 440 米，山地约占国土面积的 80%。半岛海岸线全长约 17300 下米。朝鲜属温带季风气候，年平均气温 8℃～12℃，年平均降水量为 1000～1200 毫米。朝鲜矿产资源丰富，已探明矿产 300 多种，其中有用矿 200 多种。石墨、菱镁矿的储量居世界前列，铁矿石及铝、锌、铜、金、银等有色金属和煤炭、石灰石、云母、石棉等非金属矿物储量丰富。水力和森林资源也较丰富。朝鲜的工业以采矿、电力、机械、冶金、化工、纺织为主。朝鲜最高峰是白头山（海拔 2750 米），北部多为山区，东北地区多深狭的山谷，而海岸平原大部分都在西部地区，耕地面积占 13.9%。中朝界河鸭绿江是朝鲜最长的河流，位于朝鲜东北部赴战岭山脉与狼林山脉之间的长津湖是朝鲜最大的湖泊。朝鲜最大的城市是首都平壤，其他主要城市包括南部的开城、西北部的新义州、东部的元山和咸兴，以及东北部的清津。

平 壤

　　平壤是朝鲜首都，也是直辖市和第一大城市。它位于朝鲜半岛西北部，跨大同江两岸。朝鲜是一个多山的国家，平壤南面是一片开阔的平原，这片肥沃的土地备受人们青睐。由于城市的一部分位于平原上，故命名为平壤，在朝鲜语里，"平壤"可以解释为"平坦的土壤"。平壤坐落在大同江下游的平原和丘陵的交接处。它的南面是一片开阔的平原，东、西、北三面是绵延起伏的山丘。市区有花团锦簇的美丽山峰——牡丹峰，清莹碧绿的大同江从牡丹峰的山脚下流过，将平壤城分成东、西两部分，大同江的支流——普通江流经西平壤。平壤坐落在山麓之上，屹立于河畔，山环水抱，拥有得天独厚的地理位置，自然风景十分优美。平壤市市内处处是苍松翠柏，加上山清水秀的天然景致，使平壤成为一座花园城市，被世人称为"花中之城"。平壤还享有"柳京"之称，其意是"柳树遍布的京城"，这是因为城内生长着很多柳树，流经市区的大同江以及普通江两岸更是柳树成行，随风摇曳，招人喜爱。朝鲜人民对柳树有着特殊喜爱，早在12世纪朝鲜诗人郑知常已写下"紫陌春风细雨过，轻尘不动柳丝斜"这样赞美柳树的绝句，借此来表达对柳树的感情。平壤还是一座拥有1500年历史的古老城市。高句丽王国时代的城堡建在林木苍翠的大城山上，城墙全部采用石头建造，工程浩大，建筑宏伟，充分显示出朝鲜古代劳动人民的聪明与智慧。今天的平壤市，掩映在绿树鲜花之中，高楼毗连，大厦林立，著名的千里马大街、人民军大街、青年大街、锦绣山大街、乐园大街等，宽阔壮观，两旁的树木和花草，枝繁叶茂，争芳吐艳。朝鲜其他主要城市还包括南部的开城、西北部的新义州、东部的元山和咸兴，以及东北部的清津等。

平壤的纪念雕塑。

越 南

越南同亚洲许多国家一样，在历史上饱受殖民帝国侵略，曾经先后受到法国、日本、美国等国的长期侵略。越南人民经过长期斗争，终于在 1975 年取得了反抗侵略战争的胜利，全国也于 1976 年实现统一。

越南位于中南半岛东部，北与中国接壤，西与老挝、柬埔寨交界，东面和南面临南海。海岸线长约 3260 千米。越南全国大约 331688 平方千米。地形包括丘陵和茂密的森林，平地面积不超过 20%，山地面积占 40%，丘陵占 40%，森林占 75%。北部地区由高原和红河三角洲组成。东部分割成沿海低地、长山山脉及高地，以及湄公河三角洲。越南地处北回归线以南，属热带季风气候，高温多雨。年平均气温 24℃ 左右。年平均降雨量为 1500 ~ 2000 毫米。北方分春、夏、秋、冬四季。南方雨旱两季分明，大部分地区 5 月—10 月为雨季，11 月至次年 4 月为旱季。越南民间把莲花作为国花，以它作为力量、吉祥、平安、光明的象征。

越南有 54 个民族，京族占总人口的 90%，大量聚居在冲积三角

洲和沿海平原地区。京族作为一个最大的同系社会群体，控制国家的政治经济，主导文化事业，对社会生活有巨大影响。越南京族与居住在高地的少数种族少有共通之处，并在历史上敌视他们，认为他们是野蛮的种族。

越南最大的宗教是佛教。越南佛教最初是从印度传入，大约在公

元 1 世纪初，印度商人已经经由海路进入越南了，其中有许多信仰佛教的商人。因此，佛教开始传入了越南。东汉末年，大乘佛教从中国传入越南，越南人称为"北宗"。10 世纪后，佛教被尊为国教。小乘佛教从泰国和柬埔寨传入，称之为"南宗"。目前全国佛教徒约 5000 万人。其中又以信大乘佛教者居多。

越南民间把莲花作为国花，还把莲花比喻英雄和神佛。总之，一切美好的理想皆以莲花表示。

河 内

越南首都河内是一座拥有着 1000 多年历史的古城，是全国第二大城市，面积为 920 平方千米，人口 350 万人左右。河内地处红河三角洲西北部，红河与墩河汇流处，无论是从南方到北方，还是从内地到沿海，均是必经之地，其地理位置十分重要，并拥有北方最大的河港，有多条铁路在这里相联结，是北方公路的总枢纽，郊区有白梅机场和嘉林机场，水、陆、空交通便利。城市地处亚热带，因临近海洋，气候宜人，四季如春，降雨丰富，花木繁茂，百花盛开，素有"百花春城"之称。

河内始建于公元 621 年，当时名叫"紫城"，后又改称"罗城""大罗"。从 11 世纪起河内就是越南的政治、经济和文化中心，历史文物丰富，还享有"千年文物之地"的美称。1831 年，阮朝的明命王在这里定都，见城市环抱于红河大堤之内，遂改称为"河内"，一直沿用至今。河内名胜古迹众多，比较著名的有还剑湖、西湖、文庙、独柱寺等。河内市区几条宽广笔直的大街，以还剑湖为中心，向四周呈辐射状延伸，街道两旁生长着四季常青的高大树木。今天的河内市，许多街道依然沿用旧时的名称，如皮行、铜行、棉行、糖行、麻行、桃行、帆行等，一些街道依然保持昔日专业性的传统，如皮行街专售皮货，铜行街专售铜器。如今市区内繁华热闹的街道有桃街、糖街、同春市场等。河内有自己的工业体系，拥有机械、化工、纺织、制糖、卷烟等工业已部门，其中机器制造业成为全国工业体系的中心，如河内机器制造厂能生产各种精密程度很高的工作母机和新式农业机械供应全国，使河内已由消费型城市变成了生产型城市。

　　还剑湖位于市区东南部，被称为河内第一风景区。湖南北长 700米，东西宽 200 米，略呈椭圆形，湖区林木青翠，湖水清澈似镜，湖光树影，交相映衬，环境幽静，风光秀丽，平均水深 1.5 米左右。湖心有座玉山岛，岛上矗立着一座建于 18 世纪的玉山寺，寺院与湖岸有拱桥相连。

泰 国

泰国是一个信奉佛教的国家，因此有"黄袍佛国"之称。泰国国内佛教建筑众多，又有"千佛之国"的称誉。泰国不仅古迹众多，自然风光也非常吸引人，宛如仙境的考兰岛让人流连忘返。

泰国位于中南半岛中部，有"千佛之国""白象之国""黄袍佛国"等多个美誉。

这个亚洲最具异国风情的国家大部分地区属热带季风气候。低缓的高原和山地遍布泰国境内，其海拔2576米的英坦昂峰为全国最高峰。

泰国名胜古迹众多，自然风光旖旎，夜生活丰富多彩，由于政府充分利用这些条件，所以泰国的旅游业发展非常迅速，现已成为世界旅游大国之一。

曼 谷

曼谷是泰国首都，东南亚第二大城市，同时也是泰国的主要港口和政治、经济、文化中心，又被誉为"佛教之都"。泰国人称曼谷

为"军贴"，意思是"天使之城"。曼谷位于湄南河三角洲，湄南河纵贯南北，将其一分为二，最后汇入泰国湾。整个曼谷的建设以大王宫为中心向外扩散，第一圈是寺庙和官方建筑，第二圈是商业圈，第三圈是住宅区，最外面是贫民区，王宫和佛寺大多建在湄南河圈。曼谷是世界上佛寺最多的地方，有大小四百多个佛教寺院。在曼谷众多的寺院中，玉佛寺、卧佛寺、金佛寺最为著名，被称为泰国三大国宝。市内河道纵横，货运频繁，有"东方威尼斯"之称。曼谷港是泰国和世界著名的稻米输出港之一。

大 王 宫

大王宫是曼谷王朝拉玛一世于1782年开始修建的，位于曼谷湄南河的东岸。过去，它是拉玛一世到拉玛八世的住所，如今，则成为一处引人入胜的宫殿。

大王宫四周是一堵白色宫墙，约5米高，总长1900米。主要建筑物是三座宫殿和一座寺院，以白色为主的建筑保留暹罗式风格。庭园绿草如茵，百花争艳，树影婆娑。

节基宫是最大的宫殿，建于1876年，也是一座泰西合璧的建筑。节基宫分为正殿和左右偏殿。宫身为白色，雕塑有各种西式花纹图案，宫顶由三座具有泰国传统建筑风格的锥形尖塔组成。这里曾是拉玛五世处理朝政和居住的地方，如今仍作为泰国国王接见外国使节的场所。律实宫是诸多宫殿中最早建成的，宫顶分为四层，中央是尖塔，高达七层，尖塔基部的四侧分别饰有四大力神的图案，技艺精湛。与律实宫相呼应的是阿玛林宫，它并不高，宫顶呈三角形，分三层相叠，层层低垂，远望只见一片绿色和金黄色鱼鳞状琉璃瓦拼成的长方形图案的宫顶，是泰国早期建筑式样的典型代表。

曼谷大王宫华丽而壮观。

　　拉玛八世兴建的宝隆皮曼宫，曾经是招待外国元首的地方。宫殿内珍藏着两个二百多年前的中国大彩瓷花瓶和几个景泰蓝花瓶。在大殿的几块屏风上，彩绘有《三国演义》故事，人物栩栩如生。院子中还散放着高达数米的中国古代文臣武将的石雕，据说是经中国商船运来的。大王宫内的寺院就是著名的玉佛寺建筑群，是一个令游人流连忘返的地方。

新 加 坡

美丽的新加坡有"花园城市"的美誉，是世界上最美丽的城市之一，其城市的象征——狮头鱼尾塑像来源于一个美丽的传说。新加坡因自然风光优美，因而成为著名的旅游城市。

新加坡包括马来半岛南端的新加坡岛及周围众小岛，扼印度洋与太平洋的咽喉。

新加坡的海岸线长 140 千米，有海堤与马来半岛相连。由于接近赤道，这里常年高温多雨。

新加坡境内的名胜古迹、名山大川虽然并不多，但政府还是利用国家优越的地理位置及相对发达的经济条件对旅游设施不断进行完善，使之成为一个旅游胜地。

狮头鱼尾公园

建于 1972 年的狮头鱼尾公园坐落在新加坡河口左岸。园内的建筑物主要是一座狮头鱼尾塑像，它是这一海港城市的象征。新加坡的原意就是"狮城"。据说 1150 年前后，苏门答腊室利佛逝王国曾将淡马锡归入王国版图，以扩张自己的势力。一天，王子圣尼罗优多摩出海途径此岛，一只胸长白毛、黑头红身的怪兽从他们面前飞驰过去，王子惊问随从那是何种动物，侍从

随口回答说是"狮子",王子听后很高兴,认为这里是块吉祥之地,于是便在这个岛上建立城市作为自己的王国所在地,并命名为新加坡。在马来文中新加坡就是狮子城的意思。1964年,新加坡雕塑家林浪新根据传说设计

圣淘沙岛上的石雕。

了一座狮头鱼尾雕塑。狮头鱼身,鱼尾翻卷,仿佛刚从河中跃起。整个雕塑浑然一体。塑像于1972年雕成,高8米,由乳白色大理石制成,2000块中国湖南瓷片镶成底座,呈海的波浪状,高出水平面4～5米。这座雕像完成后作为新加坡的标志供游人参观欣赏。新加坡远古时是座海洋城市也可从鱼身得以说明,整座雕塑颇为壮观,技艺精湛。每年的5月26日—6月3日为狮头鱼尾周,许多艺人在此献艺;在新加坡河上还有龙舟大赛,热闹非凡。

印度尼西亚

印度尼西亚有很多的别称，像"千岛之国""火山之国"。国内最为著名的佛教建筑婆罗浮屠是闻名世界的古迹，国内其他的名胜也是世界闻名，如巴厘岛，好似梦中的天堂，美得令人无法相信。

印度尼西亚位于亚洲的东南部，赤道从其领土上穿过。印度尼西亚由 17508 个大小岛屿组成，是世界上最大的群岛国家，素有"千岛之国"的美誉。

雅加达独立广场。

印度尼西亚有长达 3500 千米的海岸线。国内各岛多丘陵和山地，有珊瑚和浅海环绕四周。全国有几百座火山，因此又被称为"火山之国"。伊里安岛上的查亚峰为全国最高峰。

雅加达

印度尼西亚首都雅加达是东南亚第一大城市，也是世界著名的海港。它位于爪哇岛西部北岸，在芝里翁河口，濒临雅加达湾，是一座历史悠久的名城。几百年以前，就已经是输出胡椒和香料的著名海港，当时的雅加达被西方称之为东方的威尼斯。今天的雅加达，已经成为印度尼西亚的政治、经济、文化中心和海、陆、空交通的枢纽；是太平洋与印度洋之间的交通咽喉，也是亚洲通往大洋洲的重要桥梁。国内外的许多船只都把雅加达作为一个停靠站，在这里补给维修。雅加达郊区的国际机场是世界上最大的国际航空站之一。市内的最高建筑——独立纪念碑，是雅加达的象征。这座由苏加诺总统下令所建的大理石碑高 137 米，其顶端有一个用 35 千克纯黄金打造的火炬雕塑，象征印尼的独立精神。碑身上的浮雕，反映了印度尼西亚人民反抗荷兰殖民统治者的英勇事迹。纪念碑旁还有喷泉、水池，以及民族女英雄的雕像。

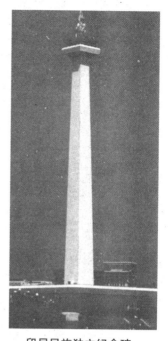

印尼民族独立纪念碑。

雅加达独立广场

独立广场位于雅加达中区，又称莫迪卡广场，如同天安门广场在中国的地位与规模。广场四周街道宽阔整齐，花草树木点缀其间，绿意盎然。

广场北部为总统府，东北方有印度尼西亚最大的伊斯蒂赫拉尔清真寺，该清真寺占地面积为 9350 平方千米，其建筑面积为 93400 平方米。屋顶上有一个漆成白色的巨大半圆形顶盖，十分醒目。印度尼西亚重大的伊斯兰教活动和仪式都在这里举行，印度尼西亚总统及政府要人经常到这里做礼拜。西街上有国防部大院和中央博物馆；东边是火车站。广场东南角上有一组根据《摩诃婆罗多》史诗的故事情节塑造的群马拉车的雕塑，十分壮观。在纪念碑西侧的公园里还有一座音乐喷泉。

马来西亚

地处热带的马来西亚是一个风景秀丽的国家。近几年来，马来西亚的经济发展迅速，城市建设独具特色，首都吉隆坡以双峰塔闻名于世。

马来西亚位于东南亚，地处太平洋和印度洋之间，属于热带雨林气候。马来西亚由 13 个州组成，共分为两大部分：西马来西亚和东马来西亚。马来西亚是东南亚国家联盟的创始国之一。

马来西亚一向以丰富的热带经济作物而闻名世界。马来西亚盛产橡胶、油棕、椰子和可可等典型的热带经济作物。依靠这些资源，勤劳的马来西亚人民又发展起了加工业和制造业，从而使得该国步入了中等发达国家的行列。

吉隆坡

吉隆坡是马来西亚的首都和最大的城市。它是马来西亚三个直辖市之一，其地理位置在雪兰莪州之中，即马来西亚半岛中央偏西海岸。吉隆坡曾于 1998 年举办英联邦运动会，它是第一个举办此运动会的亚洲城市。坐落于吉隆坡市中心的国油双峰塔是吉隆坡的著名地标，88 层的国油双峰塔是目前全世界最高的两座独立塔楼，塔高 452 米，高耸入云。也是超现代化"吉隆坡城市中心"计划的主要部分。

印 度

印度是一个有着几千年文明的国家，也是四大文明古国之一。印度的名胜古迹数不胜数，其中最为著名的是泰姬陵，它被人们誉为"永恒的一滴泪"。

印度位于南亚次大陆的印度半岛上。印度北部为高山地区，中部为平原，西部主要是印度沙漠，南部则是高原。全国大部分地区属于热带季风气候，还有山地、沙漠、亚热带草原和热带雨林气候。

印度妇女的额头点有吉祥痣，表喜庆、吉祥之意，这是印度特有的民族风俗。因印度的电影业相当发达，该国还有"电影王国"的美誉。

印度是世界文明古国，历史悠久，古迹众多，河川壮丽，旅游资源十分丰富。其中最负盛名的是泰姬陵。

新德里

新德里是印度共和国的首都，也是全国的政治、经济和文化中心。恒河支流亚穆纳河从城东缓缓流过，河对岸是广阔的恒河平原。新德里是一座既古老又年轻的城市。作为德里中央直辖区，它既包括饱经沧桑的旧德里又包括中央政府所在地的新德里。新德里和旧德里中间隔着一座印度门，并以著名的拉姆利拉广场为界，广场以南为新德里，广场以北为旧德里。这里是印度的政治、经济、文化

中心，也是重要的交通枢纽。新德里是印度的心脏，在这里可以感受到整个国家运行的脉搏。同时，它又是一面镜子，既可以看到印度辉煌的历史，也可反映出印度现代的身影。旧德里、新德里紧紧相联，古老与现代交相辉映，组成了一幅引人入胜的历史画卷。如果说旧德里展现了印度悠久的历史和灿烂的古文化，新德里则折射出印度近代摆脱贫困、独立前进的影子。新德里是一座身披绿装的花园城市，街道宽阔整齐，到处是花坛草地，它与世界上一些著名都市相比，毫不逊色。

泰姬陵

泰姬陵位于阿格拉近郊亚穆纳河畔南岸，华丽壮观，气势磅礴，被誉为七大建筑奇迹之一。泰姬陵是由莫卧儿第五代皇帝沙贾汗修造的陵墓，用以怀念其宠妻阿柔曼·巴纽皇后，后人将皇后原名蒙泰姬·玛哈尔误称为"泰姬·玛哈尔"，陵墓由此而得名，"泰姬·玛哈尔陵"即"泰姬陵"。

多情美貌的泰姬深得沙贾汗的宠爱，她在一次出巡途中因难产而去世，临终前，她请求沙贾汗为她兴建这座陵墓，沙贾汗答应了她，并于 1632 年开始动工兴建。陵墓历时 22 年，共耗费 4000 多万卢比才完成。

在占地 17 万平方米的整座陵墓上，正中央是陵寝。在陵寝东西两侧各建有式样相同的清真寺和答辩厅，两座建筑对称均衡，左右呼应。陵墓四方各有一座尖塔，高达 40 米，内有 50 层阶梯。

一条红石铺成的甬道连接大门与陵墓，甬道两边是人行道，道间修有一个"十"字形喷泉水池。

陵墓的基座为一座正方形大理石，

高7米，长、宽各95米。位于陵墓正中的寝宫四角各有一座塔身稍外倾的圆塔。寝宫上部为一座穹顶，高耸饱满，下部为陵壁，呈八角形，总高74米。寝宫内有一扇由中国巧匠雕刻得极为精美的门扉窗棂。寝宫共分5间宫室，宫墙上有构思奇巧、用珠宝镶成的繁花佳卉，使宫室更为光彩照人。陵墓内部的中央八角形大厅是其中心，浅浮雕和精美的宝石镶嵌于墙上。中心线上安放着泰姬的墓碑，而国王沙贾汗的墓碑则立于其旁边。墓门由一块镶嵌宝石的大理石制成，石棺则存放在下面的地窟里。

整座陵墓由纯白大理石砌成。随着一日之中清晨、正午和傍晚三个时段阳光不同角度的照射，陵墓会呈现，出变化莫测的色彩，在花好月圆之夜景色尤为迷人。

泰姬陵的构思和布局充分体现了伊斯兰建筑艺术庄严肃穆、气势宏伟的特点，整个建筑富于科学性，是一个完美无缺的艺术珍品，所有人都称印度人民的这一非凡杰作为印度的奇珍。

优雅圣洁的著名世界遗产——泰姬陵。

斯里兰卡

有 "印度洋上的珍珠"之誉的斯里兰卡风光秀丽，景色迷人。斯里兰卡人深受佛教文化的影响，佛寺、佛塔遍布，还有许多的佛教圣地，流传着许多佛教传说。

斯里兰卡是个岛国，位于印度半岛南面的印度洋上。斯里兰卡境内中、南部为山地和高原，北部为平原。国内的马纳尔湾盛产珍珠。斯里兰卡属热带气候。

斯里兰卡风光旖旎，被誉为"印度洋上的珍珠"。游客在这里不仅可以欣赏到千姿百态的自然风光、多姿多彩的民俗风情，还可以领略到斯里兰卡人民创造的璀璨的传统文化。

阿努拉德普勒

阿努拉德普勒位于斯里兰卡中北部的阿鲁维河畔，距首都科伦坡东北约 205 千米。

该城于公元前 5 世纪开始兴建，从公元前 3 世纪—10 世纪，即

从槃陀迦阿巴耶王开创的阿努拉德普勒王朝到摩哂陀五世这一段时期，这里一直被当做斯里兰卡国都。据史书记载，孔雀王朝阿育王之子——印度高僧摩哂陀曾于两千多年前携佛经渡海来到这里。他是最早在此处传播佛教者，开创了斯里兰卡的佛教历史，并使这里逐渐成为佛教圣地。14 世纪时，这里还

曾是东南亚很多地区的佛教中心。

佛塔如林、金顶蔽日的阿努拉德普勒面积达 40 平方千米，后被入侵的外敌所毁，逐渐成为废墟。19 世纪，这里被发掘、重建，又逐渐成为佛教朝拜中心及游览胜地。

伯拉贞宫遗址位于阿努拉德普勒古城的中心，它是一座九层高的气势宏伟的宫殿，其中有 900 个房间可供僧侣修行居住。殿内有 1600 根石柱支撑的 40 个同心圆，上面覆以一个巨大的铜瓦圆顶，因此宫殿也被称为"铜宫"。

现在的伯拉贞宫遗址只能看到基址和林立的石柱。在伯拉贞宫遗址的门前有一棵菩提树，传说是印度早期的帝王阿索卡的女儿移植到这里的，这棵树高耸入云，至今已有两千余年的历史，是世界上最古老的菩提树。

古城区内的大部分佛塔都以白色作为圆顶的基色，最大的是祇陀林佛塔。该塔建于公元 4 世纪，塔基直径约 112 米，塔高约 107 米。现虽已残缺不全，但高度仍有 70 余米，是斯里兰卡最大的佛塔。

阿努拉德普勒城北建有一座阿巴耶祇利寺。现在寺庙中可见 4 座佛塔，寺内雕满了各式图案的石柱，造型优美生动。

阿努拉德普勒的白色佛塔。

巴基斯坦

巴基斯坦的大多数居民都信奉伊斯兰教，因此国内清真寺比较多。巴基斯坦有两处举世闻名的古代文化遗产，就是位于拉合尔城的拉合尔古堡和夏利玛尔花园。

巴基斯坦位于南亚次大陆的两北部，国土面积非常广阔。

巴基斯坦的东南部为印度河平原，北部和西北部地形都是以高原和山地为主，占国土面积的60%。

巴基斯坦被誉为"清真之国"，绝大多数人信仰伊斯兰教，遵循严格的穆斯林传统，是南亚伊斯兰教最盛行的国家之一。

悠久的历史、浓郁的传统文化，以及独具特色的自然景观，使该国的旅游业具有得天独厚的条件。巴基斯坦的风景名胜众多，有景色秀丽的吉尔吉特小镇、哈拉帕遗址等。

 ## 伊斯兰堡

伊斯兰堡是巴基斯坦的首都，也是全国的政治中心。伊斯兰堡地处内陆，背依高峻的喜马拉雅山，面向宽阔的印度河大平原，东侧是秀丽的拉瓦尔湖，西侧是一片开阔的河谷地带。这里群山起伏，

湖水清澈，是一个山清水秀的地方。伊斯兰堡城市交通发达，有重要的公路干线通向四面八方。伊斯兰堡是世界上年轻的都城之一，它也是一座美丽且富有特色的现代化城市。1992 年 10 月伊斯兰堡与北京结为友好城市。茉莉花是巴基斯坦的国花，象征着美丽和纯洁。夏克巴

在伊斯兰堡随处可见的风味小吃。

利山顶公园是全市最著名的游览胜地，公园里树木葱茏，百花争艳。山顶上有一块专门供来访的外国政府首脑植树留念的园地。现在这里已经种了几十棵树，郁郁葱葱的树林，记载着巴基斯坦的对外关系史。1964 年，周恩来总理也曾在这里栽下了象征中巴友谊的乌桕树，它是这块园地上种下的第一棵树，现在，这棵树已经枝繁叶茂。

土 耳 其

地跨亚、欧两洲的土耳其，自然风光秀丽多姿，有卡帕多西亚奇石区等名胜。土耳其也是一个有着悠久历史的文明古国，古迹古城见证了历史的沧桑变化。

土耳其位于亚洲西部和欧洲东南角，面积广阔，领土大部分位于小亚细亚半岛上。另外还包括西亚的安纳托利亚半岛，以及巴尔干半岛的东色雷斯地区，是一个横跨欧亚两洲的国家。北临黑海，南临地中海，东南与叙利亚、伊拉克接壤，西临爱琴海，并与希腊以及保加利亚接壤，东部与格鲁吉亚、亚美尼亚、阿塞拜疆和伊朗接壤。在安纳托利亚半岛和东色雷斯地区之间的，是博斯普鲁斯海峡、马尔马拉海和达达尼尔海峡。首都是位处安纳托利亚高原正中央的安卡拉。国民有99%是穆斯林。土耳其境内多高原和山地，只在沿海地区有小块的平原分布。境内最高峰为大阿勒山，海拔5165米。土耳其大部分地区属亚热带地中海式气候。

土耳其内姆鲁特山石雕。

土耳其境内有着瑰丽多姿的自然风光，名胜古迹随处可见，构成了发展旅游业的良好物质基础。土耳其政府设立了伊斯坦布尔、爱琴海地区、地中海沿岸和卡帕多西亚这四个发展旅游业的特区，并投入大量资金，使其旅游业迅速发展，成为一个新兴的旅游胜地。《荷

伊斯坦布尔风光。

马史诗》中的特洛伊城遗址，世界奇景卡帕多西亚，观鸟胜地库什湖，秀美的亚洛瓦温泉……迷人的自然风光，丰富的文物古迹使土耳其享有"旅游天堂"之美誉。土耳其的安卡拉羊世界著名，人们用烤全羊招待宾客。土耳其人十分重视着装，爱赶潮流。

伊斯坦布尔

伊斯坦布尔位于土耳其首都安卡拉西北约 380 千米处。伊斯坦布尔是土耳其最大的城市和历史名城。

伊斯坦布尔省首府伊斯坦布尔，是土耳其最大的城市、海港、工商业中心和主要的旅游胜地，具有悠久的历史。该城位于国境巴尔干半岛东端、博斯普鲁斯海峡南口西岸。海峡与马尔马拉海和金

土耳其古建筑。

角湾从三面把城市环绕起来。它也是世界上唯一横跨欧亚两大陆的城市，还是古代丝绸之路的终点。伊斯坦布尔扼守黑海的出入门户，地处欧亚交通要道，战略地位十分重要，历来为兵家必争之地。历史上，古罗马、拜占庭、奥斯曼三大帝国的首都都曾先后建在这里。两千多年来，欧亚大陆政治、宗教、艺术史上的许多重大事件都与这座城市联系在一起。如今市内还保存着一批古代建筑杰作，其中许多建筑对欧亚两洲产生过重大影响，是人类极为宝贵的历史文化遗产，1985 年，联合国教育、科学及文化组织将这个城市的考古公园、苏莱曼尼耶区、泽雷克区和城墙区列入世界文化与自然遗产保护名录中。

伊斯坦布尔古称拜占庭。城市由希腊人于公元前 658 年所建，历史悠久，公元 330 年，罗马帝国迁都到这里将其改名为君士坦丁堡。公元 395 年，罗马帝国分裂，这里便成为了东罗马帝国的首都。在以后的几百年里，这里一直是地中海东部政治、文化、经济的中心。13 世纪初，该城被烧毁。到 1453 年，奥斯曼帝国将这里作为首都，从此以后，这里便被称为伊斯坦布尔。

伊斯坦布尔境内有众多的文物古迹。坐落于金角湾南面的伊斯坦布尔旧城区，有内外两道城墙围绕，内墙长 6650 米、高 9 米、厚 4.8 米，修建于公元 413 年。外墙筑于公元 447 年，上面设有 92 座炮塔，现仅存 56 座，墙外有深濠围护，堪称军事建筑史上的杰作。

　　伊斯坦布尔全市面积 5220 平方千米，人口大约 1180 万。旧城区街道沿着起伏的海峡地势蜿蜒曲折而建，古老街道两侧那些红色屋顶的哥特式建筑同小骑楼式的伊斯兰房屋交相辉映。新城区街道宽阔笔直，两旁现代化大厦高耸，城郊高速公路上各种车辆风驰电掣。现在市区已扩大到金角湾以北和博斯普鲁斯海峡东岸的于斯屈达尔等地。商业区位于市中心，十分繁华，金角湾的古老室内市场，是世界上少见的大型室内市场，占地 3 万平方米，有四千多家店铺，每天人如潮涌。伊斯坦布尔是土耳其最大的工业中心，纺织、机械、船舶修理等工业尤为发达。伊斯坦布尔还是一座文化古城，拥有伊斯坦布尔大学、海峡大学等 34 所高等学府。

　　今天，这座古城已成为著名的旅游城市。

叙利亚

叙 利亚是一个有着悠久历史的文明古国，国内古迹众多，有许多名城，尤其是几经兴衰、历尽沧桑的大马士革古城，不愧于"古迹之城"的称号。

叙利亚位于亚洲西部，地中海的东岸，面积非常广阔。

叙利亚的东部为高原，南部为荒漠，中部为平原，西北部为草原，最高峰谢赫峰海拔为 2814 千米。气候属冬湿夏干的地中海型气候。

叙利亚是一个有着古老历史的伊斯兰国家，国内的旅游点多为古代都城或遗址，主要有大马士革古城、阿勒颇古城等。

大马士革城市鸟瞰。

大马士革古城

坐落在叙利亚南部的大马士革古城是叙利亚的首都。它位于克辛山的山坡上，面积约 100 平方千米。

大马士革古城约建于公元前 2000 年，阿拉伯倭马亚王朝于公元 661 年在此定都。公元 750 年，阿拔斯王朝拥有了这个城市，后在奥斯曼帝国统治下长达 4 个世纪之久，独立前法国殖民主义者又在此统治了三十多年。大马士革可谓几经兴衰、历尽沧桑，"古迹之城"的称号受之无愧。

古城旁屹立着一座石门，传说这就是当年圣保罗进入大马士革传教的地方。有一次圣保罗被人追捕，教友们将他隐藏在篮子里转移到大马士革城堡下，接着他又从这座石门顺利逃出大马士革。后来为纪念圣保罗的传教活动，基督教徒在这里修建了圣保罗教堂。

城中有一座名为倭马亚的清真寺，举世闻名。寺庙有三个尖塔，高耸入云，展示了伊斯兰教各时期的建筑艺术风格。寺庙西面是朱庇特神庙，朱庇特是罗马神话中的主神，相当于古希腊神话中的宙斯，现在保留下来的仅是几根高大的石柱。

布斯拉古城

布斯拉古城位于叙利亚的德拉省内，勒哈河南岸的努克鲁平原上，海拔850米。古城全部由火山岩建成。布斯拉地处交通要冲，5条道路交会在这里。其中与大马士革相连的道路有两条，另外三条：一条往西通向地中海，一条朝南可以抵达红海，还有一条向东南直通波斯湾。布斯拉拥有丰富的水资源，土壤肥沃，农业发达，有"叙利亚的谷仓"之称。

布斯拉古城有着高大宽敞的城门，城墙上筑有防御工事，以防

布斯拉古城遗址。

敌人攻城。

古城内街道宽敞，无数圆柱整齐地排列在两侧。

不同民族的统治造就了布斯拉城内建筑风格的多样性。其中古罗马剧场是主要建筑之一，创建于公元 2 世纪。现存下来的部分是剧场的壕沟、墙面和宽敞的大厅。剧场面积巨大，可同时容纳 1.5 万人。因此它被认为是众多古罗马露天剧场中最大、最壮观、保存最完整的，其建筑艺术价值极高。建于 13 世纪的城堡、大教堂、法特美特清真寺、马布拉清真寺，以及菲德伊斯兰学院等建筑环绕在古罗马剧场的四周。

城内还保存着古老的市场、浴室、一座罗马兵营和一个赛马场。

此外，还有最古老的纳巴泰式建筑区。

非洲

FEI ZHOU

埃 及

干燥的气候、炎热的天气、神秘的金字塔、巨大的狮身人面像、威严的法老、谜一般的象形文字、帝王谷中深埋的巨大宝藏、地下宫殿壁画上描绘的璀璨文明，这就是埃及。

埃及全称阿拉伯埃及共和国，地处非洲的东北部，地跨欧亚两洲，亚洲西南端的西奈半岛也是其领土的一部分。埃及国土的总面积为 100.2 万平方千米。

埃及境内多沙漠，约占其国土总面积的 96%。尼罗河贯穿埃及南北。其大部分地区属炎热干燥的热带沙漠气候，地中海沿岸属亚热带海洋性气候。

作为四大文明古国之一的埃及，历史古迹遍布全国。其中位于首都开罗附近的吉萨金字塔和狮身人面像，被列为世界古代七大奇迹之一。其他以拥有众多名胜古迹而著称的城市还有亚历山大、阿斯旺、底比斯、孟斐斯等。

开 罗

开罗位于埃及尼罗河三角洲顶点以南约 14 千米的地方。

开罗横跨尼罗河，是非洲最大的城市，也是世界名城之一。公元 642 年，阿拉伯军队征服埃及，在尼罗河东岸兴建福斯塔特城，这就是开罗的前身。公元973 年，法蒂玛王朝占领埃及后，将这里取名为"开罗"。

开罗城内遍布大大小小的清真寺，

共二百五十多座。在城中的任何地方都可以看见寺庙高耸的塔尖儿，所以开罗又被称为"千塔之城"。开罗还有很多广场，最著名的就是拉美西斯广场。该广场位于开罗火车站对面，广场中心耸立着拉美西斯二世巨大的雕像。此雕像是1955年从古城孟斐斯迁移到此处的。剧院广场是1869年为庆祝苏伊士运河通航而建造的歌剧院所在地。其他还有苏莱曼帕夏广场和解放广场。解放广场位于苏莱曼帕夏广场和尼罗河之间，有10条街道会聚于此，广场附近是规模宏伟的埃及博物馆和现代艺术博物馆。

孟斐斯及其墓地和金字塔

孟斐斯及其墓地和金字塔地处埃及东北部的尼罗河西岸。

孟斐斯又名"美尼弗"，意为"迷人的住宅"，始建于5000年前。埃及首次统一后将其作为都城，后逐渐发展为古王国的宗教、政治和军事中心。古城历经岁月的冲刷，当时的辉煌大多已随历史远去，早已不复存在。今天能够保留下来的只有一座拉美西斯三世的巨大石像、普塔神庙的废墟，还有阿庇斯圣牛庙。

金字塔位于开罗西南部的吉萨地区，距离开罗约有10千米。金字塔是古埃及法老的陵墓。陵墓用巨大石块修成，呈方锥形，形似汉字"金"，因此被称为"金字塔"。

充满现代气息的开罗城。

　　吉萨的金字塔有三座，其中第四王朝法老胡夫的陵墓规模最大，成为世界古代七大奇迹之一。胡夫金字塔约建于公元前 27 世纪，最初高 146.59 米，历经千年风蚀，现在的高度只有 136.5 米。塔底的面积为 5.29 万平方米，原四周底边各长 230 米，现缩为 220 米左右。塔的斜面倾角约为 51°，塔底四边正对东、南、西、北四方。该金字塔用石约 230 万块，其中最大的一块约重 16 吨，平均每块石块重 2.5 吨左右。石块之间没有用任何黏合物，而合缝处却非常严密。相传，这座巨大的陵墓是三十多万人花费了 30 年的时间而建成的。

　　另一座金字塔是胡夫之子哈夫拉的金字塔。哈夫拉的金字塔比胡夫的略小，建在一块较高的台地上，塔高 143.5 米，基底各边长 215.25 米，塔旁矗立着著名的狮身人面像。因为狮身人面像与希腊神话中的人面怪物斯芬克司相似，所以西方人又把它称为"斯芬克司"。狮身人面像高 20 米左右、长约 57 米。据说除狮爪外，整座像是用一整块巨石雕成的。

　　金字塔建筑有许多地方令人称奇。如塔底呈正方形，四边正对东、南、西、北四个方向，说明当时的埃及人已经能够了解方位了。据说，如果把塔底的正方形的纵平分线延长，恰巧可以平分整个三角洲地区；如果继续延伸，便成为一条地球的子午线，这条子午线不仅经过的陆地最多，而且能把陆地面积平分。而如果延长塔底正方形的对角线，又可以把尼罗河口三角洲囊括在内。如果把塔底四边的周长除

历尽沧桑的金字塔和狮身人面像。

以高度的2倍，又与圆周率相等。塔面的每个三角形面积正好等于金字塔高度的平方，而其高度扩大10亿倍后又约等于太阳与地球之间的距离。

金字塔的进口隧道正对北极星，人们无论站在隧道的任何位置都可以看到北极星。这些都显示出了古埃及人的智慧

著名的吉萨金字塔。

和创造力，以及当时科学技术的发达。

目前，埃及共发现96座金字塔，它们象征了古埃及灿烂的文明。

利比亚

"**沙**漠王国"利比亚有着悠久的历史和丰富的历史遗迹。曾经繁荣一时的大雷普提斯、罗马式的普罗古洛广场和由几千幅绘画组成的达德拉尔特·阿卡库斯石窟……

利比亚位于非洲的北部，北临地中海，国土面积为 175.95 万平方千米。利比亚 95% 的国土被沙漠和半沙漠覆盖，因此有"沙漠王国"之称。利比亚沿海一带属地中海式气候，内地主要是热带沙漠气候。

利比亚历史悠久，现存不少古希腊和古罗马时代的遗迹，建筑风格多样，艺术价值很高。

大雷普提斯考古遗迹

大雷普提斯考古遗迹位于莱卜达河入海口，利比亚的胡姆斯区。腓尼基人为了进行商品贸易，在此修建港口，从而使这里逐渐发展成一座城市。奥古斯都罗马王朝时期，城市人口激增，新的建筑物不断向西扩展延伸，其间修建了维塔斯广场上罗马风格的剧场，还有几座漂亮的圆柱形拱门。广场西侧是利伯尔·帕特庙，东南侧是维塔斯大教堂。当时还扩建了港口，并修建了一道堤坝和一条运河以使莱卜达河顺利改道。今天的蒙蒂塞利山就是由当时挖运河的土堆积而成的。

公元 2 世纪末到公元 3 世纪初期是大雷普提斯最繁荣的时期。

公元 698 年之后，由于受战争的影响，大雷普提斯成为了一座空城。

突 尼 斯

突尼斯是一个东西方文明交汇的地方，它曾是迦太基的属地，后来罗马将这里征服，最终它成为使伊斯兰文明辉煌的地方。现在人们面对这些遗迹，仍能体会到历史沧桑的变迁。

突尼斯位于非洲北端，它的东部和北部濒临地中海。

突尼斯的东北部为沿海平原，中西部为低地和台地，南部为沙漠。南部属热带沙漠气候，北部属地中海气候。

突尼斯地理位置优越，境内名胜古迹众多，有世界闻名的迦太基古城遗址，还有凯鲁万、苏塞、杰姆等古城。地中海沿岸风光旖旎，游客众多。其旅游业非常发达。

突尼斯老城

突尼斯老城是突尼斯最大的港口城市，地处突尼斯首都突尼斯市内。突尼斯老城是地中海航道的要害，也是非洲和欧洲之间主要的贸易港口，它控制着一条穿越撒哈拉沙漠的主要通道。

突尼斯老城。

老城的历史可追溯到公元前9世纪迦太基人建立的迦太基帝国时期。当迦太基帝国兴盛时，突尼斯只是一个海滨村镇。后来迦太基城被罗马人焚毁。公元698年，倭马亚王朝总督诺马拉在今突尼斯城址建麦地那城，把这里建成为当时全国第二大城，仅次于凯鲁万城。

公元 9 世纪，突尼斯城成为了阿格拉比特王朝的重要城市，1230 年哈夫斯王朝时期这里成为了伊斯兰文化中心和重要的商业中心。16 世纪—19 世纪，土耳其人统治突尼斯城，当时土耳其人在此修建了许多建筑物。1837 年，突尼斯城被法国人侵占。1957 年，成立突尼斯共和国，这里就成为了首都。

突尼斯老城是北非伊斯兰城市规划最和谐的一个城布。现如今老城仅保存着过去留下的几座城门，城墙已倒塌。建于公元 3 世纪的宰图纳清真寺是老城最古老的建筑。突尼斯历史最悠久的大学也建在这里。

 ## 土加和杜加

土加和杜加位于突尼斯北部。

土加位于靠近迦太基的中心地带，地理位置优越。努米底亚和迦太基之间的战争结束后，这里成为地区行政中心。但罗马帝国衰落后，其城市地位也在不断下降。

土加城内的各式建筑都是依山而建的，总面积为 0.65 平方千米。其中利比克 - 帕涅克塔坐落在城市的边缘，始建于公元前 2 世纪，塔高约 21 米。

土加有很多历史遗迹，其中最重要的遗迹是一座带有柱廊的圆形剧场，至今仍保存地很完好。巴杜博物馆保存了土加的许多文物。

杜加是一个农业区，类似庙宇、拱门等标志性的建筑不多，但这里的居室建筑别具特色。杜加的夏天酷热无比，因此人们都居住在地下室，冬天住在房屋的底层，地板用彩色马赛克装饰。

摩洛哥

摩洛哥是个美丽的地方，一部《卡萨布兰卡》令人对它心驰神往；摩洛哥是个绚丽的地方，遍布各地的历史遗迹，能够让人充分领略阿拉伯文明的灿烂辉煌。

摩洛哥位于非洲的西北边缘，地处地中海通往大西洋的要害。

摩洛哥主要地形为高原和山地，北部为狭窄的平原地区，南部和东部为半沙漠地带。大部分地区属地中海型气候，东南部属热带沙漠气候。

摩洛哥的海滩风景如画，沙漠绿洲引人入胜。一些老城，如马拉喀什、非斯、得土安等都有很多历史古迹。电影《卡萨布兰卡》的成功使达尔贝达城享誉世界，来此地观光的游人络绎不绝。

非斯老城

非斯位于中阿特拉斯山麓西部边缘，距首都拉巴特190千米。公元9世纪初，摩洛哥的第一个王朝——伊德里斯王朝，其第二代国王兴建了该城，使非斯成为摩洛哥国土上最早建立的阿拉伯城市。

非斯古城街道狭窄，主要以马、驴作为运输工具。12世纪时，非斯城内的清真寺达到785座，其中最著名的当数卡拉奥因大学兼清真寺。

非斯城南北山坡上有两座保存完好的城堡，是萨阿德王朝于16世纪时修建的。北部的城堡内有一座兵器博

物馆，有的兵器为摩洛哥人自己制造，有的兵器是外国赠送的。其中有一把刻有汉字的宝剑，相传为古代中国皇帝赠送给摩洛哥国王的礼品。另一座巴塔博物馆曾经是一座王宫，藏有历代王朝的珍宝。

阿伊特本哈杜村

　　阿伊特本哈杜村位于摩洛哥的瓦尔扎扎特，始建于公元 8 世纪，由 6 座"卡斯巴斯"建筑群组成。"卡斯巴斯"是当时最为流行的建筑样式，其住宅呈堡垒式，粮仓呈城堡式，建筑牢固，风格独特。"卡斯巴斯"建筑用的材料主要是由泥砖和稻草制成，一次可制成两块砖坯，技术达到了极高的水平。同时，在装饰技巧上这种建筑也体现了非凡的艺术水平。

　　现知最早的"卡斯巴斯"建筑是在公元 7 世纪建成的。

　　"卡斯巴斯"建筑的特别之处在于它一般只在上部进行装饰，根据需要，装饰砖可竖垒或者横砌成各式各样的几何图案。

摩洛哥著名的阿伊特本哈杜村。

埃塞俄比亚

有"非洲屋脊"之称的埃塞俄比亚是非洲东北部的国家，这个拥有3000年历史的文明古国现已成为非洲联盟总部所在地。这里还拥有众多的文明古迹，吸引世界各地的游客到此观光。

埃塞俄比亚位于非洲东北部，地势以高原和山地为主，是非洲地势最高的国家，并有着"非洲屋脊"之称。东非大裂谷从东北到西南斜贯全境。

埃塞俄比亚是有着三千多年历史的文明古国，境内古迹众多，其中拉利贝拉的独石教堂堪称"非洲奇迹"。非洲联盟的总部也设在埃塞俄比亚的首都亚的斯亚贝巴。

拉利贝拉独石教堂

拉利贝拉独石教堂位于埃塞俄比亚首都亚的斯亚贝巴以北300多千米的地方。

这些教堂大都修建于12世纪—13世纪初的拉利贝拉国王统治时期。它们是由5000名工匠在巨大的石头上开凿出来的，整个工程耗时近30年。教堂虽然在大小、颜色及造型上各有不同，但也有很多的相同之处：每个教堂都有古老的阿克苏姆式的石碑尖顶，内部结构和装饰都是凿空雕成，还有石柱形走廊、镂空门窗，以及纹饰、塑像、浮雕和祭坛等，各个教堂之间都有和岩洞相连的地

埃塞俄比亚大教堂。

下通道，所有教堂均未用任何黏土、黏合剂或灰浆。

在这些教堂中最美的是马利亚教堂，教堂的拱门和天花板上绘有五彩缤纷的图画，美好的动物形象和几何图案为庄严肃穆的教堂增添了几分艺术的气息。耶稣基督教堂规模最为宏大，教堂从红色的岩石上凿出，长33米、宽23.7米、高11.5米，教堂内立有34根石柱。其他教堂也都颇具特色：戈尔尔塔一米凯尔教堂埋葬着拉利贝拉国王和他的一些遗物。埃曼纽尔教堂有呈几何图形的红墙，木头似的横梁实为石头砌成；而高处俯视下的圣乔治教堂则似一个立于地面的巨大十字架。

肯尼亚

这里是鸟兽的乐园，这里还可能是最早有人类生活的地方。这里有独具匠心的树顶旅馆，这里有众多的史前人类遗迹。来到这里，游客可以感受到大自然迷人的魅力。

肯尼亚位于非洲东部，赤道横贯中部，东非大裂谷纵贯南北。东邻索马里，南接坦桑尼亚，西连乌干达，北与埃塞俄比亚、苏丹交界，东南濒临印度洋，海岸线长 536 千米。境内多高原，平均海拔 1500 米。平原面积很少，多分布在东南沿海地带。大裂谷谷底在高原以下 450～1000 米，宽 50～100 千米，分布着深浅不等的湖泊，并屹立着许多火山。北部为沙漠和半沙漠地带，约占全国总面积的 56%。中部的基里尼亚加峰（肯尼亚山）海拔 5199 米，山顶有积雪，为非洲第二高峰。瓦加加伊死火山海拔 4321 米，以巨大的火山口（直径达 15 千米）而驰名。湖泊众多，最大的河流为塔纳河、加拉纳河。森林面积 8.7 万平方千米，森林覆盖率约 15%。国土面积的 18% 为可耕地，其余主要适于畜牧业。全境位于热带季风区，但受东南信风与东北信风的影响，加上其地势较高，为热带草原气候，降水季节差异大。沿海地区湿热，高原气候温和，全年最高气温为摄氏 22℃～26℃，最低为 10℃～14℃。西南部高原区除大裂谷谷底地区干热外，都属亚热带森林气候。

肯尼亚是人类发源地之一，境内曾出土约 250 万年前的人类头盖骨化石。早在 1871 年，进化论的

创始人达尔文在其名著《人类的起源》中曾预言："人类始祖的化石将在非洲发现。"60 年后，果然在非洲发掘出人类远祖的头盖骨化石。这些化石因发掘于肯尼亚，故肯尼亚被人们称为"人类的摇篮"。国家公园：纳库鲁（非洲观鸟天堂）、塞仑盖蒂大草原。

肯尼亚境内野生动物的种类繁多，被誉为"鸟兽的乐园"。肯尼亚还拥有众多的史前人类遗址和独具匠心的树顶旅馆。

肯尼亚山国家公园和自然森林

肯尼亚山海拔 5199 米，是非洲境内第二高山，也是东非高原上著名的死火山。肯尼亚山国家公园和自然森林占地约 715 平方千米。

肯尼亚山国家公园位于内罗毕东北 193 千米处，横跨赤道，距肯尼亚海岸 480 千米。海拔 1600 米到 5199 米，占地面积为 142020 公顷，包括：肯尼亚山国家公园 71500 公顷，肯尼亚山自然森林 70520 公顷。1949 年建立国家公园。1978 年 4 月成为联合国教科文组织人与生物圈规划的一个生态保护区，从此得到国际公认。成立国家公园前已经是森林保护区。1997 年列入《世界遗产名录》。

肯尼亚山由间歇性火山喷发形成。整个山脉被辐射状伸展开去的沟谷深深切开。沟谷大都是冰川侵蚀造成，山脚约 96 千米宽。有大约 20 个冰斗湖，大小不一，带有各种冰渍特征。分布在海拔 3750 米到 4800 米之间。最高峰为 5199 米。

肯尼亚图尔卡纳湖风光。

"肯尼亚"在肯尼亚吉库尤族语里的意思是"洁白"。肯尼亚山的山顶终年积雪，常年不化的冰川有 12 条，最大的两条是路易斯冰川和亭达尔冰川。这里的冰川一直延伸到山中海拔 4300 米高的地方。

中央岛国家公园是世界上最大的鳄鱼群聚居地。

肯尼亚山有两个湿润季节。3 月—6 月的湿润期较长。12 月—2 月为短暂的干燥季节。降雨量范围从北方到东南斜坡，由 900 毫米一直增加到 2300 毫米。海拔在 2800 米到 3800 米处常年存在一条降雨云带。大约 4500 米以上的大部分降水为降雪。雨季峰顶经常白雪覆盖，在冰川上形成一米以上的积雪层。年平均气温变化范围 2℃，3 月—4 月最低，7 月—8 月最高。白天气温温差很大，1 月—2 月约为 20℃，7 月—8 月为 12℃。空气流动剧烈，整个夜晚直到清晨，风不停地从山上吹下来。从早上到下午空气反方向上升。早上峰顶狂风大作，太阳升起后风速逐渐减小。

随着海拔高度的变化，山上的植物种类也不断变化。海拔低的地区是山地森林。海拔 2000 米以上是真正的森林带，最多的植被是雪松。海拔 2500 米以上是浓密的竹林，林间有空地，树上长满了苔藓。

这里生活着多种动物，如猴子、大象、狒狒、小羚羊、长颈鹿、水牛、野猪、土狼、香猫等，其中也不乏许多珍稀物种，如大羚羊、肯尼亚鼹鼠、蜥蜴等。

肯尼亚自然风光。

坦桑尼亚

海明威的《乞力马扎罗的雪》让人们认识了乞力马扎罗山的美丽，更让坦桑尼亚这个令人着迷的国家成为世界各地游客争相观光的地方。

坦桑尼亚位于非洲东部，由坦噶尼喀和桑给巴尔两部分组成，面积广阔。

有"丁香之国""剑麻之乡"之称的坦桑尼亚地势西北高、东南低，东非大裂谷纵贯南北，境内东北部的乞力马扎罗山海拔为5895米，为非洲的最高峰。其大部分地区气候类型属于热带草原气候。

 ## 达累斯萨拉姆

达累斯萨拉姆在斯瓦希里语里意为"平安之港"。它位于非洲印度洋岸中段，扼西印度洋航运要道。达累斯萨拉姆是坦桑尼亚的首都，第一大城市和港口，是全国政治、经济、文化中心，东非重要的港口。该港交通运输发达，有横贯坦桑尼亚的中央铁路，东起达累斯萨拉姆，西迄坦噶尼喀湖湖畔的基戈马。另一条是1975年9月在中国政府的援助下建成的坦赞铁路，以达累斯萨拉姆为起点，全长1860千米（在坦桑尼亚境内为977千米）。这条铁路的建成不仅改善了坦桑尼亚与赞比亚的交通，也促进

坦桑尼亚地区的野生动物——大象。

乞力马扎罗山雄姿。

了坦桑尼亚国民经济的发展。达累斯萨拉姆市植物四季常青，环境优美，零星点缀着保存较为完整的西式及阿拉伯式古建筑。达累斯萨拉姆是海上"丝绸之路"的沿线城市，也是北京奥运会火炬传递途经的唯一非洲城市。

坦桑尼亚有着丰富的旅游资源，是非洲首屈一指的旅游王国。这里有被称为"白雪公主"的乞力马扎罗山；有世界上面积最大、动物最多的动物王国——塞卢斯野生动物保护区。世界第二大淡水湖维多利亚湖及第二深湖坦噶尼喀湖也坐落在该地区。古人类踪迹——早期人类化石和石器遗址等也是该地区非常著名的景点。

乞力马扎罗山及其国家公园

乞力马扎罗山意为"光辉的山"，地处平坦的热带草原，由于附近没有其他山峰，因此又被称为"非洲之王"。由于乞力马扎罗山的山顶温度常在－34℃左右，终年积雪，又被称为"赤道雪峰"。但其有些山麓的气温却高达59℃。

乞力马扎罗山的主峰——基博峰，与马温西峰之间有一段长达 11 千米的鞍形山脊相连。主峰上有直径达 2400 米的死火山口，其深约 200 米。火山口凝结着冰块，美丽壮观，底部有冰柱，看上去千姿百态。德国殖民主义者曾称其为"威廉皇帝峰"，坦桑尼亚独立后，又把基博峰命名为"乌呼鲁峰"，意为"自由峰"。

乞力马扎罗山独特的自然条件使得热、温、寒三带作物都可以在这里生长，山上、山下景色因此也迥然不同。山麓一带的热带树木郁郁葱葱，藤蔓交错缠绕，苍苔从枝杈上倒悬而下，似一道绿色帘幕，山泉清澈见底，山坡覆盖有肥沃的火山灰。山谷里长满了香蕉、甘蔗、咖啡、剑麻、茶林等植物；峰峦终年积雪，还有巨大的冰川。乞力马扎罗山以其独特壮丽的景色吸引着世界各地的游人。

乞力马扎罗国家公园成立于 1968 年，总面积为 7.56 平方千米。园中有大量野生动物，如犀牛、大象、雄狮、角马、羚羊和斑马。现在这里交通发达，有多条国际航线的班机可直接抵达乞力马扎罗国际机场。

塞 舌 尔

塞 舌尔是一个有着美丽自然风光和丰富野生动植物资源的国家，坐落于非洲东侧的印度洋西部的群岛上。它以其独特的风采吸引着世界各地的人们前去观光。

塞舌尔位于非洲东面的印度洋西部的群岛上，包括 115 个珊瑚岛和花岗岩岛，属热带雨林气候。

和其他印度洋上的群岛国家一样，塞舌尔的历史由 15 世纪末的阿拉伯的航海家们掀开，而葡萄牙的航队司令达·伽马是第一个将之写入航海日志并画进航海图标的人。

维多利亚

塞舌尔的首都维多利业是坐落在马埃岛东北角的港口城市。维多利亚街道整洁，建筑典雅，环境幽静而秀丽。漫步市内，一组组乳白色的楼宇掩映在绿树繁花丛中。一座建于 1903 年的钟塔矗立在市中心处。主要街道——独立大街上有一座由黑色、黄色、白色 3 只海鸥组成的大型雕塑，它叙说了克里奥尔人二百多年前从欧、亚、非三洲漂洋过海来到这里安家落户的历史。如今，岛上的非洲人、马达加斯加人、欧洲人、华人、马来人和印度人的后裔早已通婚，维多利亚城也就形成了独特的多民族特色的城市风貌。

作为塞舌尔唯一的港口，

维多利亚建有新式的码头和 2.5 平方千米的深水区,各种船舰均可以在此停泊。维多利亚既是国际海运重要的中继站,又是重要的渔港和椰子、肉桂、香草和腌鱼的集散地。1971 年建成的国际机场,是印度洋上重要的航空枢纽。

维多利亚植物园是市内主要的游览区。园内集中了塞舌尔群岛上的各种珍奇植物,有八十余种世界上独一无二的植物,其中包括高大的阔叶硬木、两种兜树、白色的凤尾状兰花、奇特的瓶子草、极为稀罕的海蜇草以及塞舌尔国宝海椰子树等。已濒于灭绝的凤尾状兰花已被定为该国国花,并在 1971 年规定不许任何人将其带出国境。植物园内还饲养着一些珍奇动物,供游人观赏,有从龟岛阿尔达布拉岛运来的巨龟,以及塞舌尔特有的胸部呈橘色的飞狐等。在维多利亚街头,四处可见由海椰子和贝壳雕刻而成的工艺品,颇具当地特色。

阿尔达布拉环礁

阿尔达布拉环礁是塞舌尔最大的珊瑚岛,长约 30 千米、宽约 15 千米。阿尔达布拉环礁地处塞舌尔马埃岛西南,距非洲东海岸 640 千米,距离马达加斯加约 420 千米。环礁包括 188 平方千米的陆地、20 平方千米的丛林地,其余是潟湖、暗礁和外围海域,总面积达 350 平方千米。

阿尔达布拉环礁海拔超过 3 米地方只有极少一部分,其生态环境多种多样,有 16 种当地所特有的植物,其中包括濒临灭绝的海岸香瓜。

阿尔达布拉生存着 15.2 万只巨龟,因此这里又被称为"龟岛",这也是环礁上最壮观的自然景观。巨龟体重 200 多千克,长约 2 米,可承受 1~2 个人的重量。巨龟一般可以活 100 年,其年龄可从它们背上的年轮圈辨别出来。海龟以甜味的树叶为食,它们还很聪明,若吃不到位置高的食物,它们便交替着爬到对方的背上吃位置高的树叶,这成为游客们眼中有趣的一景。这里还有罕见的绿海龟,十分珍贵。每年约有 1000 只绿海龟来这里产卵。

龟岛在塞舌尔独立后被划为原始生物保护区,此处禁止任何人捕杀大海龟。这里还设立野生动物管理站、海龟研究站,来自世界各国的几十名科学家在这里进行对海龟的科学研究。

岛上还有大约五万只海鸟,其中包括很多珍稀鸟类。

塞内加尔

因塞内加尔河而得名的塞内加尔是一个典型的农业国，这个曾是欧洲人重要的贩奴基地，现在因其花生出口产量位居世界第一而被誉为"花生王国"。

塞内加尔位于非洲最西部，西临大西洋，海岸线长达500千米。

塞内加尔的地势比较平坦，东南部为低山丘陵，东部和中部大部分地区为半沙漠地带。塞内加尔的大部分地区属热带草原气候。

塞内加尔的戈雷岛曾经是运输黑奴的起点，然而现在这里已建立起了一座博物馆。

达喀尔

达喀尔是塞内加尔的首都和最大港口。它位于佛得角半岛顶端，非洲大陆的最西部，濒临大西洋，地理位置很重要。它是大西洋航线要冲及西非重要的门户，也是欧洲至南美、南部非洲至北美洲间来往船舶的重要中途站。达喀尔地处热带，气候温和宜人，市区建筑风格独特，

XIN GAI NIAN · 新概念阅读书坊 YUEDU SHU FANG

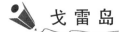

精巧别致，有"非洲小巴黎"之称。

戈雷岛

位于塞内加尔首都达喀尔附近的戈雷岛，南北长约900米，东西宽约300米，面积约为270000平方米。小岛坐落在大西洋上，其北端为埃斯特雷要塞，南端的一块平台上建有堡垒。

戈雷的意思是"良好的锚地"。直到1815年前，戈

尼奥科罗－科巴国家公园是野生动物的天堂，在这里它们可以尽享大自然的美妙。

雷岛一直是进行奴隶买卖的一大中心。葡萄牙、荷兰、英国和法国殖民者先后对这个小岛进行过殖民统治。1776年荷兰殖民者在小岛东部建起了一幢两层的奴隶堡，奴隶堡的下层是一间间小屋，面积很小，长为2.34米、宽为2.28米，每一间这样的小屋通常会关押约二十名奴隶，上层则是殖民统治者的卧室，上下层有着天壤之别。

尼奥科罗－科巴国家公园

尼奥科罗－科巴国家公园位于塞内加尔境内，一部分在东塞内加尔，另一部分在上卡萨芒斯地区。

公园内生物资源非常丰富，野生植物有1500多种，动物520多种。这里拥有非洲数量最稳定的象群，共有400多头非洲象。狮子、豹、鬣狗、猩猩、德尔比非洲大羚羊等动物在保护区内自由活动，这里是它们的幸福家园，大量的飞禽、爬虫类和两栖类动物也在此繁衍生息。

科特迪瓦

科特迪瓦这个原名为"象牙海岸"的非洲西部国家，因其象牙贸易而闻名于世。得天独厚的自然环境，民风淳朴的克鲁族村落令科特迪瓦在西非独树一帜。

科特迪瓦位于非洲西部，南临几内亚湾，海岸线长约 550 千米。

科特迪瓦的地势西北高东南低，西北部为海拔 500 ~ 1000 米的山地，北部和西南部为低矮的高原和平原。

科特迪瓦有许多风景秀美的旅游区，如塔伊国家公园、宁巴山自然保护区等。

宁巴山自然保护区

宁巴山自然保护区占地 171.3 平方千米，距阿比让 720 千米，与几内亚的洛拉和恩泽雷科雷分别相距 200 千米和 62 千米。保护区的山顶被厚厚的植物覆盖，山腰上的林带郁郁葱葱，山脚下一片草场。北坡有 500 ~ 900 米宽的林带，南坡林带则有 450 ~ 1300 米宽。

迄今为止，这里已被确认的动物有 500 多种，其中有 200 种是这里独有的动物。

矮种河马生活在沼泽和河流中，长相与河马很相似，但体形却比河马小得多。其他的珍稀动物还有许多种，如无爪水獭和水游鼠等。这种水游鼠觅食于水中，体重 80 克左右。

此外，保护区内还有一种小型栗色蛙，极其罕见。它属于卵胎生动物，约两厘米长。成熟的雌蛙每次产卵约 16 枚，与一般青蛙不同的是，栗色蛙幼体在胎内完全发育后才出生。这种蛙类对环境的要求极为苛刻，数量也做为稀少，只能在海拔 1200 米以上的特定区域内生存繁衍。

在这里还可以见到狮子、豹，以及非洲麝香猫。非洲麝香猫生活在树上，以果实为生。条纹羚也出没于保护区内，这种动物喜欢在水源附近的灌木丛中栖息，属牛科哺乳类动物。在这里还能见到小群的红水牛和在其他地方无法看到的 7 种蝙蝠。

豹、非洲羚羊、穿山甲、森林水牛、疣猴、水獭等也都是保护区内的固定"居民"。保护区内还有一种大猩猩尤为引人注目，它们会使用石器，异常聪明。

塔伊国家公园

塔伊国家公园地跨科特迪瓦西南部的萨桑德拉省和吉迪格洛省。

1926 年，人们在这里建立了占地 9600 平方千米的莫耶—卡瓦利森林区保护公园。1933 年改为物种专门保护区，但仅涅诺科埃山地区允许人们游览观光。1972 年，这里成为了国家公园。由于保护措施得当，公园仅有极小一部分地区受到人类活动的影响，因此这里是地球上为数不多、面积较大的一个热带原始森林区之一。

独特的气候条件使公园内生长着两类森林：一类主要由单性大果柏构成，另一类由柿树构成。这里又是多种地方性植物的宝库。一些被人们认为早已不存在的植物往往能在这里重新被发现，如仅于 19 世纪在喀麦隆发现过的紫穗槐，在这里就可以找到。

除此之外，猿猴、斑鹿羚、利比里亚矮河马、金丁克羚羊和奥吉比羚羊等动物也时常出没于公园中。

加 纳

这个著名的黄金产地，曾名为"黄金海岸"，现在它以"加纳"这个西非古老王国的国名命名。如今它以其丰富的矿产资源吸引着世人的目光。

加纳是非洲西部的一个国家，位于非洲西部、几内亚湾北岸，西邻科特迪瓦，北接布基纳法索，东毗多哥，南濒大西洋，海岸线长约562千米。地形南北长、东西窄。加纳地势低平，全境大部地区为平原，中部为盆地，盆地被高原和崇山峻岭所环绕，属热带雨林和热带草原气候。东部有阿克瓦皮姆山脉，南部有夸胡高原，北部有甘巴加陡崖。最高峰杰博博山海拔876米。最火河流为沃尔特河，在加境内长1100千米，下游筑有阿科松博水坝，在境内形成巨大的沃尔特水库，面积达8482平方千米。

加纳矿产资源丰富，其黄金、钻石和铝矾土储量居世界前列，因盛产黄金而被誉为"黄金海岸"。此外这里还盛产有石灰石、铁矿、红柱石、石英砂和高岭土等。加纳森林覆盖率占国土面积的34%，主要材林集中在西南部。黄金、可可和木材三大传统出口产品是加纳经济支柱。加纳盛产可可，是世界上最大的可可生产国和出口国之一。可可的产量占世界产量的13%左右，有"可可之乡"的美誉。

加纳拥有不少名胜古迹，其中阿散蒂的传统建筑和阿克拉等地的古城堡是很值得参观的。

阿克拉是加纳的首都和最大港口城市，在国境东南部，濒几内亚湾，是全国政治、经济、文化中心。人口约为110万，居民以当地加族人和阿肯、埃维族移民为主，其余多为多哥和尼日利亚人。是重要的可可豆、金刚石市场。公路四通八达。建有本国唯一国际航空港科托卡机场。阿克拉最繁华的地段在老市区以东，包括自由大街、独立大街两条南北干道和滨海的 2 月 28 日路，商业、金融、保险、贸易等大公司，议会、政府等机构，以及文化、娱乐中心，都集中在这一代。附近滨海的黑星广场为仪典举行地，建有独立拱门，是全市人民集会的场所。室内许多房屋以铝皮盖顶，银光闪闪，成为城市景观的一大特色。

 ## 加纳海岸的古城堡和要塞

　　加纳的南部是 600 千米长的岩石海岸线，这里共有大大小小的城堡和要塞六十多座，它们中的大部分都建于 1700 年以前，最后一座直到 1786 年才建成。在奴隶买卖和殖民主义兴起之前，它们是非洲与欧洲早期贸易的历史见证。

　　自 1471 年以来，为了探寻从北非沿海一带运到欧洲的黄金来历，一大批葡萄牙人先后来到了西非海岸。1482 年，他们在贝亚河河口修建了圣乔治·达·米纳堡，也就是我们今天所看到的埃尔米纳堡。4 层高的主楼位于城堡中央，主楼正中是一座八角形的塔楼，这里曾经是葡萄牙总督的官邸。主楼两侧是 6 个方形碉堡，四周筑着高高的围墙，墙上还布满了枪眼。墙外则是壕沟，上架吊侨，直通八角塔楼。一尊古炮在城墙上眺望着通往城堡的道路及大海。专门用以挑选奴隶的厅堂位于城堡中央的院子里；古堡下层是地牢，专门用以囚禁奴隶，并有一条秘密通道通向海滩。当年，大批黑奴就是从这里被殖民者运往国外的。

　　1637 年，埃尔米纳堡被荷兰人占领，荷兰人从中得到很多利益。紧接着英国人在海岸角建立海岸角堡作为自己的基地。不久，丹麦、瑞典等国的殖民势力也扩张到这里。

　　18 世纪黄金贸易衰落后，取而代之的是奴隶贸易。19 世纪奴隶贸易被废除了，但贩卖黑奴的罪恶行为却仍未消失。

　　在这 11 座城堡和要塞中，克里斯琴博堡、海岸角堡、埃尔米纳堡、帕西昂斯要塞、科曼达要塞和圣塞巴斯蒂昂要塞较为有名。

贝 宁

贝 宁得名于一个古老王国的名字，旧名达荷美，意为"奴隶"。16 世纪起殖民者在此贩奴，故这一带也被称为"奴隶海岸"。贝宁全境南北狭长，那里的人民视蟒蛇为圣物，维达市有"蟒城"之称。

贝宁位于非洲西部，南濒几内亚湾，东邻尼日利亚，北与尼日尔接壤，西北与布基纳法索相连，西和多哥接壤，面积 112.620 平方千米，海岸线长 125 千米。全境南北狭长，南窄北宽。南部沿海为宽约 100 千米的平原。中部为海拔为 200～400 米波状起伏的高原。西北部的阿塔科拉山海拔 641 米，为全国最高点。韦梅河是全国最大河流。沿海平原为热带雨林气候，中部和北部为热带草原气候，高温多雨。有"油棕之国"的美誉。

波多诺伏

波多诺伏是贝宁首都，贝宁第二大城市，历史上曾是波多诺伏王国首邑。在国境东南部几内亚湾沿岸潟湖之滨。1752 年葡萄牙殖民者建为商业据点。现与科托努同为全国政治、经济、文化中心，旅游业较盛。

波多诺伏还是贝宁共和国的国民议会所在地。波多诺伏地区属于热带雨林气候，终年高温，雨量充沛，全年雨季长达 8 个月，各种植物都可以终年生长，所以油棕林极为稠密，是全国主要的油棕产区，从高空俯视，宛如一片碧绿的海洋。油棕是这个国家的重要财富，茂密的油棕林给波多诺伏带来了"油棕之城"的美称。

贝宁历史悠久，波多诺伏是这个国家最古老的城市之一，现今仍保留着十分浓厚的古非洲城市风貌。波多诺伏建于 16 世纪末，曾是波多诺伏王国的首都。1580 年，这里成为葡萄牙殖民者在贝宁沿海地区贩卖奴隶的据点。波多诺伏原称阿加塞—霍格布努，葡萄牙人入侵后，发现它同葡萄牙重要海港波尔图相似，就把这个城市命名为波多诺伏，即"新波尔图"之意。

波多诺伏市内有古老的非洲宫殿、殖民地时期的建筑物和葡萄牙大教堂。贝宁在西非地区一直是文化水平较高的国家。波多诺伏至今还保留着一些古老的建筑，如人种博物馆、民俗学博物馆、国立图书馆和国家档案馆等。该市及其附近地区出产的手工艺品，如铜器、木刻、骨雕、编织等独具风格，驰名国内外。

阿波美王宫

贝宁的阿波美城是非洲闻名的古城，著名的阿波美王宫、国王陵寝与王妃墓至今保存完好。

阿波美王宫位于首都波多诺伏西北 105 千米处。阿波美曾作为阿波美王国的都城长达 3 个世纪之久，20 世纪初，王朝覆灭，位于阿波美城中心的王宫成为残留下的一块遗迹，占地 400000 平方米。这里有王朝存在的 300 年间修建的所有重要的建筑物，其中有 12 座宫殿是从达克多努到阿哥利阿格波历代国王所建的，其主体是 11 座宫殿及其附属建筑；另外一座宫殿阿加巴王宫单独处于一个地方，构成另一部分。

在空间组织、建筑艺术、材料选用等方面阿波美历代王宫有很多共同之处。大王宫区内的建筑物都有自己的围墙，3 个相通的院落位于围墙内部。外院主要用来举行阅兵仪式和礼仪活动；内院有两个，一个用来分配物品，另一个通向国王和王后的寝室。这些王宫都用土坯砌外墙，用茅草盖屋顶，用木竹做门窗。

阿波美博物馆是在阿波美历代王宫的基础上改建而成的，体现了贝宁劳动人民的智慧和勇气，也展示了贝宁劳动人民所创造的优秀的文化艺术，和他们抵抗外敌入侵时进行的艰苦卓绝的斗争。透过博物馆，人们可了解城市的过去，而馆内丰富的展品也成为吸引游客的一大亮点。

喀 麦 隆

喀麦隆是一个有着悠久历史的非洲国家。从公元 5 世纪起，喀麦隆便开始了早期的封建发展时代。公元 16 世纪时，喀麦隆先后遭到荷、英、法等国的殖民侵略，直到 1960 年才获得民族独立。

喀麦隆共和国位于非洲中西部，南与赤道几内亚、加蓬、刚果接壤，东邻乍得、中非，西部与尼日利亚交界，北隔乍得湖与尼日尔相遥望，西南濒临几内亚湾。海岸线长 354 千米，全境类似三角形，南部宽广，往北逐渐狭窄，乍得湖位于它的顶端。由于其地质与文化的多样性，而有"小非洲"美誉，其自然地理风貌包括海滩、沙漠、高山、雨林及热带莽原等。喀麦隆以其国家足球队及本土音乐风格著称，其中又以马库萨与比库西最为人知。喀麦隆的官方语言为英语与法语。

喀麦隆全国地形复杂，除乍得湖畔和沿海有小部分平原外，全国境内大多是高原和山地。西部和中部为平均海拔 1500～3000 米的高原，这个高原成为尼日尔河、刚果河和乍得湖等水系的分水岭。西南近海处的喀麦隆火山是西非的最高峰，海拔为 4070 米。境内主要河流有萨那加河、尼昂河、武里河、洛贡河及贝努埃河等，主要湖泊有乍得湖、巴隆比湖、尼奥斯湖等。喀麦隆属热带气候，每年 3 月到 10 月为雨季，10 月到第二年 3 月为旱季。降雨量由北向南渐增，年平均降雨量在 2000 毫米以上。喀麦隆火山山麓全年降雨量高达 1 万毫米，是世界降雨量最多的地区之一。按地理环境特点区分，喀麦隆大致可分为五个自然区：西部山区、沿海森林平原、内陆森林高原、阿达马瓦高原、北部热带草原。

喀麦隆的矿产资源种类不少，但蕴藏量不很丰富，已查明的主要矿藏有：铝矾土，主要产在北部，蕴藏量在 10 亿吨以上，品位为

40%～43%；铀矿砂，产在北部和东部；金矿，产在贝塔雷－奥亚地区；还有钻石、铜、锌、铅、锰、钼、镍、白钨等；石油主要分布在几内亚湾。森林是喀麦隆一项极为重要的自然资源，全国森林面积达2200万公顷，约占国土面积的47%，其中80%可供开采，并且盛产黑檀木、桃花心木等贵重木材；喀麦隆水力资源十分丰富，占世界水力资源总量的3%。

德贾自然保护区

德贾自然保护区地处喀麦隆南部，面积为5260平方千米。

德贾自然保护区是由德贾河及其纵横交错的支流所构成的。德贾河及其交流纵横交错，形成自然保护区的疆界。保护区内水源充足，森林茂密，动物品种繁多。自然保护区地处南喀麦隆高原中部，区内大部分是丘陵地带和河间地带。属典型的亚赤道气候，年平均气温23.4℃，年降水量1570毫米。区内大多是丘陵地带和河间地带，土壤为海绵状红土，由于日晒时间极少，所以非常潮湿，表层覆盖着长年发酵的腐殖质层，土壤结构表层疏松。这里很少有人类活动，保护区还处于原始状态。

德贾自然保护区的动物品种、数量都很多。大型动物有大象和野牛，灵长类动物以大猩猩和黑猩猩为代表，常见的鸟类有犀鸟、猫头鹰、鹦鹉等。这里还生活着很多珍稀动物，如长尾猴、蹄兔、金猫等，还有该地区特有的动物，包括鳄鱼、蜥蜴、陆地龟、蛇、变色龙等。

20世纪三四十年代，德贾自然保护区被列为"森林保护区"。当地政府规定整个地区的绿化面积要保持在25%以上。1950年，这里设立"德贾狩猎保护区"，重点保护大象、大猩猩、黑猩猩等动物。喀麦隆独立之后，政府采取了一系列措施，配备了必要的防护人员。

津巴布韦

同其他非洲国家一样，津巴布韦在历史上也曾饱受殖民者的侵略和掠夺。为了争取民族独立和解放，津巴布韦人民展开了长期的武装斗争，并最终在 1980 年 4 月 18 日成立了津巴布韦共和国。

津巴布韦是非洲东南部的内陆国家，位于卡拉哈里沙漠和非洲台地边缘处。津巴布韦的东边国界与莫桑比克相邻，西南与博茨瓦纳相接，南境则有一部分与南非相连，以林波波河为界。东部的伊尼扬加尼山海拔 2592 米，为全国的最高点。

津巴布韦是非洲南部重要的文明发源地。在中世纪时代，该地曾存在一个绍纳人建立的文明，并且遗留下了不少的文化遗迹，最重要的莫过于大津巴布韦古城，绍纳文明的强盛在 19 世纪时迈入尾声。境内已发现 200 多处"石头城"遗迹，其中"大津巴布韦遗志津巴布韦"最为著名。人口 1310 万（2008 年），黑人占总人口的 99%，主要有绍纳族（占 79%）和恩德贝莱族（占 17%）两大民族。津巴布韦 58% 的人口信奉基督教，40% 信奉地方宗教。主要城市有哈拉雷、布拉瓦约、马斯温戈等。

津巴布韦的主要河流有赞比西河和林波波河，分别为同赞比亚和南非的界河。东部边境为山地，其他分属三级阶梯状高原，海拔 800 ~ 1500 米。全境最高点 2592 米。北部属赞比西河流域，南部属林波波河和萨比河流域。大部属热带草原气候，年均气温为 22℃，10 月份温度最高，达 32℃，为 7 月份温度最低，约 13℃ ~ 17℃。年降水量从西南向东北，由 300 毫米递增到 1250 毫米。

几经周折，1890 年津巴布韦沦为英国南非公司殖民地，被称为南罗得西亚。1980 年 4 月 18 日津巴布韦共和国宣布独立，并与我国建交。

哈 拉 雷

津巴布韦的首都和最大城市哈拉雷旧称"索尔兹伯里"，位于津巴布韦东北部的高原上，海拔 1478 米，年降水量 1000 毫米左右，年均气温 18℃。常年凉爽如春，四季宜人。面积达 477 平方千米，人口约 86 万。是津巴布韦政治、经济、文化中心。哈拉雷市内有维多利亚博物馆，内藏有早年土著人的绘画以及从"大津巴布韦遗址"出土的珍贵文物。

哈拉雷原是英国殖民者为侵略津巴布韦而建立的城堡，随着金矿和铬矿的开采，这里逐渐成为全国的经济中心，形成如今的现代化城市。周围富庶的农业区使哈拉雷的经贸更加繁荣，同时也成为世界最大的烟草集散市场之一。因此它也拥有"世界烟城"之美誉。

大津巴布韦遗址

哈拉雷东南 300 多千米的地方有一处被称为"大津巴布韦"的庞大石头建筑群遗址，总面积达 720 公顷。共由 90 多万块花岗石砌造而成。石块连接未用任何黏合物，至今仍坚固挺拔，宏伟壮观。它修建于 11 世纪。大围场、"卫城"以及中间谷地三部分构成了大津巴布韦遗址。遗址中，高质量的砌石工艺最为引人注目，特别是一堵约 250 米长、10 米高的椭圆形城墙，以及一座约 9 米高的圆锥形石塔和建筑在 90 米高悬崖上的"卫城"，全部是用约 0.3 米长、0.1 米厚的花岗岩石块垒成的。站在高 100 米的小石山顶就可以看到"卫城"的遗址，其地势非常险要。狭窄的石门位于"卫城"内，上上下下的通道和层层的围墙构成一座迷宫。中间有一处谷地在围场与"卫城"之间，占地面积很大。大津巴布韦规模宏大，建筑精巧，成为非洲古代文明的象征。

刚果民主共和国

刚果民主共和国这个被誉为"世界原料仓库"的国家，其国土形似巨盘。这里不仅因盛产钻石而有"中非宝石"的美誉，更因丰富的自然资源，而拥有"地质奇迹"的美誉。

刚果民主共和国位于非洲中部，有"非洲心脏"之称。其地形分为5个部分：中部刚果盆地区，东部东非高原大裂谷区，北部阿赞德高原区，西部几内亚高原区，南部隆达—加丹加高原区。扎乌边界的玛格丽塔峰海拔5109米，为全国最高点。坦噶尼喀湖湖水深1435米，是世界第二深水湖。刚果民主共和国南纬5°以北属热带雨林气候，以南属热带草原气候。刚果民主共和国因矿产、森林、水力等资源极为丰富，故有"世界原料仓库"之称。

金沙萨

金沙萨旧称"利奥波德维尔"，位于刚果河下游左岸，与刚果首

都布拉柴维尔隔河相望。这里最初只是一个小渔村，1881年比利时在此建立殖民点，并以比利时国王的名字命名它为"利奥波德维尔"。1966年，前扎伊尔共和国政府将其更名为"金沙萨"。

金沙萨是全国的政治、军事、经济和文化中心。在市西北角刚果河畔的恩加利埃马山上，坐落着"大理石宫"（前总统官邸）和"非统城"（现总统府所在地）。市中心有一座白色的雄伟建筑，是由中国援建的"人民宫"，它是会议和群众集会的中心。金沙萨的主要工业有纺织、印染业，以及一些加工产业。金沙萨市还是全国水、陆、空交通枢纽，空中交通以恩吉利国际机场为中心构成全国航空网，可直达布鲁塞尔以及邻国；水上交通主要是刚果河航运，从金沙萨市北上通往北部和东部省份；陆上交通有公路，还有一条长约四百千米的铁路与全国最大港口马塔迪相连。

金沙萨市曾被誉为"黑非洲的花城"，异树奇花种类繁多，市内处处葱绿，热带风光旖旎。高大挺拔的棕榈树、金光灿烂的凤凰树、殷红富丽的三角花树、纤秀玲珑的鸡蛋花树，五彩斑斓的紫串花、黄串花和红串花树以及香蕉、椰子、芒果等各种果树郁郁葱葱，花团锦簇，既美化了环境，又使城市充满了勃勃生机。

凤凰树。

美 洲

M E I Z H O U

加拿大

加拿大是一个面积广阔的国家，它北靠北冰洋，多处在寒带地区，因此气候寒冷。但其国内自然风光优美，有壮观的冰川，有多样的动植物，有无数的名胜。所有的一切构成了神奇的加拿大。

加拿大位于北美洲北部，东临大西洋，西濒太平洋，西北部邻美国阿拉斯加州，南界美国本土，北靠北冰洋达北极圈以内。其海岸线长 24 万多千米，加拿大是世界上海岸线最长的国家。它的东部气温稍低，南部气候适中，西部气候温和湿润，北部为寒带苔原气候。加拿大湖泊众多，占全世界淡水量的 1/7。除了与美国相连的 5 大湖，加拿大境内还分布着众多的河流，其中注入北冰洋的马更些河是加拿大第一长河，在北美洲位居第二；源于加拿大境内落基山脉西麓的育空河，为北美洲第三长河。加拿大是一个雨雪量都非常丰富的国家，林木和农作物都能得到充分的水，因而生长得茂密繁盛。而其境内变化多端，光彩夺目的雪峰景色，更是举世闻名。加拿大是西方 7 大工业国家之一。该国的制造业和高科技产业较发达，

资源工业、初级制造业和农业亦是其国民经济的主要支柱。

渥太华

渥太华位于安大略省东部与魁北克省交界处，渥太华河下游南岸，与魁北克省隔河相望。该市是世界上最寒冷的首都之一，最低气温曾达 –39℃。然而春天一来，整个城市布满了色彩艳丽的郁金香，把这座都城装扮得格外美丽，因此渥太华有"郁金香城"的美誉。据

加拿大首都渥太华风光

气象部门统计，渥太华每年约有 8 个月的夜晚温度在 0℃ 以下，故有人称其为"严寒之都"。

渥太华是加拿大的首都和政治文化中心。作为加拿大的第四大城市，无论从城市规模还是国际知名度来看，渥太华都比不上多伦多、温哥华和蒙特利尔；但其独特的文化、优美的城市风光、闲适的生活情趣，使渥太华不仅受到加拿大人民的青睐，而且成为世界人民最向往的旅游观光城市之一。渥太华气候异常寒冷，冬季十分漫长，但是冰上运动十分发达。这里的冰上运动水平在全加拿大堪称一流，特别是冰球运动久负盛名。

1999 年 10 月 18 日，渥太华市与中国的北京市结为友好城市。

多伦多

多伦多是加拿大最大的城市，是安大略省的省会，也是全国工业和商业中心。该市地处安大略湖的西北岸，拥有超过 250 万的人口，是北美洲第五大城市。作为加拿大的经济中心，多伦多是一个全球城市，也是全球最重要的经济中心之一。这座城市拥有傲人的城市风景线，包括全世界最高的建筑、现代奇观之一的加拿大国家电视塔，美丽迷人的安大略湖，绵延数千米的湖滨走廊和众多世界著名的建筑设计师在多伦多留下的大手笔。

　　多伦多是一座充满艺术、文化表现力和创造力的城市。丰富的文化令这里处处充满着活力。漫步在多伦多的街头，就如欣赏一幅徐徐展开的画卷；而街头表演又为之增添了跳动的音符。而且，在前往多伦多 125 个美术馆和博物馆的路上，还能领略到那里无处不在的艺术气氛。艺术透过钢铁、玻璃和砖石将这座城市本身雕琢成一个博物馆和艺术之都。

美　国

美国是一个非常发达的资本主义国家，有许多魅力四射的城市，像纽约、旧金山、华盛顿等。美国也有奇秀的自然风光，有众多的国家公园，吸引着各大洲的游人。

　　美国是一个幅员辽阔的国家，国土主要部分位于北美洲的中部，领土还包括北美洲西北部的阿拉斯加和太平洋中部的夏威夷群岛。北与加拿大接壤，南靠墨西哥湾，西临太平洋，东濒大西洋。美国地势东、西高，中央低，主要山脉为南北走向。东部是阿巴拉契亚山脉构成的古老山地及大西洋沿岸平原及墨西哥湾沿岸平原；西部是科迪勒拉山系构成的广大高原和山地，包括东侧落基山脉、西侧内华达山脉和海岸山岭。全国最高峰为阿拉斯加的麦金利峰，海拔为 6194 米。美国东北部的五大湖苏必利尔湖、密歇根湖、休伦湖、

伊利湖和安大略湖是世界上最大的淡水水域，素有"北美地中海"之称。苏必尔湖为世界最大的淡水湖，面积在世界湖泊中仅次于里海位居世界第二位。在伊利湖和安大略湖之间，有著名的尼亚加拉瀑布。

华盛顿

美国首都华盛顿，全称"华盛顿哥伦比亚特区"，是为纪念美国开国元勋乔治·华盛顿和发现美洲新大陆的哥伦布而命名的。华盛顿位于马里兰州和弗吉尼亚州之间的波托马克河与阿纳卡斯蒂亚河汇流处，自20世纪以来建设成为了一座现代化城市。华盛顿是美国的政治中心，白宫、国会、美国最高法院以及绝大多数政府机构均设在这里。国会大厦建在被称为"国会山"的全城最高点上，它是华盛顿的象征。这座乳白色的建筑有一个圆顶主楼和相互连接的东、西两翼大楼，美国国会参众两院都在国会大楼里办公。白宫是一座白色大理石圆形建筑，是华盛顿之后美国历届总统办公和居住的地方。椭圆形的美国总统办公室设在白宫西侧房间内，南窗外边是著名的"玫瑰园"。白宫正楼南面的南草坪是"总统花园"，美国总统常在这里举行欢迎贵宾的仪式。国会大厦和白宫之间有"联邦三角"建筑群，其中包括联邦政府机构以及国家美术馆、国家档案馆、泛美联盟、史密森国家博物馆和联邦储备大厦等。华盛顿面积最大的建筑物是位于波托马克河河畔的美国国防部所在地五角大楼。

美国纽约帝国大厦。

纽 约

纽约的中国文化底蕴很深，在那里甚至可以用汉语去说话，那是一种在其他地方都找不到的感觉，有其自身的文化底蕴在里边。

纽约饮食业很发达，海鲜、日本料理，各种各样的食品在那里应有尽有，非常美味。

虽然大多数的街道是杂乱和拥挤的，虽然地铁里破旧得几乎不堪入目，虽然街头人们表情冷漠毫不客气，汽车喇叭声此起彼伏毫不犹豫，但是，纽约还是那样令人向往。

在纽约，每个人都只是个小人物，没有人会介意别人的所做所言；然而人们又一定会在这里找到属于自己的一小片天空，属于自己的生活。在那里，每个人都是自由的、无拘无束的。纽约不仅属于纽约人，更属于全世界。各色人种，各类阶层，太多太多的移民和过客，没有什么人是真正的主人，自然也没有真正的客人。

在纽约，没有人在意别人怎么想，没有什么东西是唯一的，每个人都可以自由大胆地做自己想做的事，持自己的意见，畅所欲言，天马行空，让更多的人欣赏他的独特见解和与众不同。

纽约乱，但是它也有它的规则，掌握它的节奏和规则，便可以在纽约游刃有余地生活。比如地铁，初到纽约的人一定会被它的错综复杂搞得晕头转向，但是，找上一张附带地铁站点的地图，就会发觉这里的地铁四通八达，转乘方便，只要找对站点，便丝毫不必担心周折。

纽约的物质生活十分丰富，在纽约可以找到世界顶级的名牌商品，也可以看到街边摊贩兜售的假包、假香水和DVD；在纽约可以尝遍世界美食，也可以在不起眼的街角尝到各色小吃；这里有世界上最密集的"钢筋森林"。这里有展示世界文化瑰宝的艺术品博物馆和世界一流的艺术家，但也有街边墙角随意的个性涂鸦和街头地铁

美国纽约唐人街。

站或精致或粗陋的露天表演。当然纽约也有富得令人难以置信的特权阶层，但更多的还是在各个角落里讨生活的各色普通人。所以，纽约是个有趣的地方，看那么多不同的人、那么多不同的事情混杂在一起，看似毫不相干、格格不入，却形成了纽约的独特气质，是任何其他地方都模仿不来的气质，正是这种海纳百川，包容万象的气质，把全世界勇于尝新的人们不断地集中到这里。

纽约这个城市本身并不年轻，但是它充满了变化，充满了活力，充满了新鲜。有人说纽约就像是人人心里面的一个梦，所有的人都看不到它的真貌，却仍然为这个梦着迷。

墨 西 哥

墨西哥是美洲文明的中心地区之一，国内有许多古城和文化遗迹：古印第安人建造的城市特奥蒂瓦坎，后来神秘衰落；玛雅人曾经居住过的地方帕伦克古城，也神秘地被遗弃……

墨西哥是拉美第三大国，为中美洲最大的国家。它位于北美洲南部，拉丁美洲西北端，是南美洲、北美洲陆路交通的必经之地，素有"陆上桥梁"之称。其国内著名的特万特佩克地峡将北美洲和中美洲连成一片。墨西哥境内多高原和山地。墨西哥高原居中，两侧为东、西马德雷山，以南是新火山山脉和南马

德雷山脉，东南为地势平坦的尤卡坦半岛，沿海多狭长平原。全国最高峰为奥里萨巴火山，海拔 5610 米。国内主要河流有布拉沃河、巴尔萨斯河和亚基河。湖泊多分布在中部高原的山间盆地中，其中最大的湖的是查帕拉湖，面积 1109 平方千米。墨西哥的气候复杂多样。沿海和东南部平原属热带气候，西北内陆为大陆性气候。因墨西哥境内多为高原地形，所以冬无严寒，夏无酷暑，四季万木常青，享有"高原明珠"的美称。

墨西哥城

墨西哥城是墨西哥的首都，位于墨西哥中南部高原的山谷中，海拔 2240 米。该城是墨西哥第一大城市，国土面积达 1500 平方千米，人口达 1800 多万。它集中了墨西哥约 1/2 的工业、商业、服务

业和银行金融机构，是全国的政治、经济、文化和交通中心。墨西哥城的古老历史可以追溯到印第安人时期，在它的创建者阿兹特克人的语言中，"墨西哥"是由"墨西特里"演变而来的，意为"太阳和月亮之子"。如今的墨西哥城，既保留了浓郁的民族文化色彩，又是一座绚丽多姿的现代化城市。改革大街与起义者大街是城内的两条主要干道，从东西、南北方向贯穿全城。美丽宽敞的街道旁，银行、酒店、餐厅、剧院、夜总会等鳞次栉比，一幢幢风格迥异、精致豪华的别墅掩映在绿树浓荫中。

墨西哥城内有许多名胜古迹，其中以古代阿兹特克文化遗迹较为著名。除此之外还有兴建于西班牙殖民时期的、富有欧洲风格的建筑，以及独立后兴建的高楼大厦等。这些人文景观交相辉映，构成了一幅真实反映墨西哥民族历史的长篇画卷。长方形的市区以方格状对街道进行合理的布局规划，著名的纵贯南北的起义者大街与绿树成荫的改革大街在市中心交会。代表民族精神的独立纪念碑和一尊尊名人塑像巍然耸立在街心和道旁。这些塑像风格迥异，造型精美，惟妙惟肖。塑像中有发现美洲大陆的探险家哥伦布，有拉美独立运动领袖玻利瓦尔等著名人物。

特奥蒂瓦坎古城

特奥蒂瓦坎古城建于公元前2世纪，位于墨西哥首都墨西哥城东北约40千米处。

古城因其布局严谨、规模宏大、中心突出而举世闻名。作为主要干道的"死亡大道"长4000米、宽45米。因当时祭司从这条路上将活人送往神殿祭神，所以这条路便成为了牺牲者的最后一段人生之路，"死亡大道"由此而得名。

特奥蒂瓦坎古城。

坐东朝西的太阳

金字塔的正面有数百级台阶，沿着这些台阶上行，可直达顶部。金字塔建在长225米、宽222米的塔基之上，高66米的塔共有5层，体积达100万立方米。太阳金字塔上，原有一座以活人祭祀太阳神的太阳庙，但如今已不复存在了。

帕伦克古城中的碑铭神庙。

位于"死亡大道"北端的月亮金字塔，共分4层，高45.79米，全塔体积为37.9万立方米，是当时居民祭祀月亮神的圣殿。蝶鸟宫是当时全城最华美的建筑。整座宫殿呈方形，每边长440米，宫内有4座金字塔形神庙。在宫内方柱上，还雕刻有惟妙惟肖的蝶翅鸟身像，这些浮雕充分展示了匠师们高超的艺术水平。

原来还有羽蛇神庙位于城堡之中，但今天仅有庙基存留下来。在庙基斜坡上，现在仍可见栩栩如生的羽蛇神头像。月亮金字塔南面是宗教上层人物和达官贵人的住所——蝴蝶宫，这是一座富丽堂皇的宫殿建筑。宫殿下发掘出海螺神庙古迹，其墙壁上饰有美丽的羽毛。在整个古城遗址里，地下排水系统纵横交错，密如蛛网，充分显示了当时排水技术的高超。

危地马拉

危地马拉是中美洲的一个国家，它是玛雅文化的中心之一，古城蒂卡尔是玛雅人重要的祭祀中心，有很高的考古价值。危地马拉是一个风景优美的国家，翡翠是其特产。

危地马拉位于中美洲地区西北部，南濒太平洋，与墨西哥、伯利兹、洪都拉斯和萨尔瓦多接壤。全境 2/3 为山地和高原。西部有库丘马塔内斯山脉，南部为马德雷山脉，西部和南部属火山带，有火山三十多座，塔胡穆尔科火山海拔 4220 米，为中美洲最高峰。危地马拉地震频繁，北部有佩腾低地，在太平洋岸有狭长的沿海平原。主要城市多分布于南部的山间盆地。危地马拉地处热带，北部及东部沿海平原地区属热带雨林气候，南部山地属亚热带森林气候，境内雨量丰沛。首都危地马拉城位于南部火山区的高原上，为中美洲最大的城市。它始建于 1524 年，是全国的经济、文化中心。

危地马拉是玛雅文化的中心之一，蒂卡尔等地保留了许多玛雅文化遗址。

蒂卡尔国家公园

蒂卡尔国家公园位于危地马拉北部的佩腾省西北部，坐落在伊腾察湖东北，园内原始森林遍布，是许多珍稀动植物的栖息之地。

早在公元前 9 世纪—前 3 世纪时蒂卡尔就已开始形成村落。

蒂卡尔国家公园中的玛雅遗址。

公元前 3 世纪—公元 3 世纪玛雅人又把这里当成重要的祭祀中心。蒂卡尔逐渐繁荣是在公元 3 世纪—公元 9 世纪。在此时期，城市建筑迅速发展，相继建成了金字塔、宫殿、神庙、广场等规模宏大的建筑物。这一时期还出现了大批刻有象形文字的石碑，并且运用复杂的计时系统来记载碑刻日期。人们在这里发现了一块刻于公元 292 年的象形文字石碑，是目前发现的最早的象形文字石碑，也是目前发现的最早的玛雅石碑。

　　遗址的大部分建筑早已倒塌，如今剩下的只有一些残垣断壁，遗址面积约 130 平方千米，其中最重要的建筑是建于公元 810 年的美洲豹金字塔，塔高约 60 米，有 9 层平台，塔形因似美洲豹而得名。另外，遗址中还有 2 号金字塔、4 号金字塔、5 号金字塔等古迹。

洪都拉斯

 经辉煌的玛雅文明不仅使危地马拉、墨西哥举世闻名，同样著名的还有洪都拉斯。科潘是洪都拉斯最有名的古城，它是玛雅文明中最古老、规模最大的古城遗址，吸引了许多的考古专家和游人。

洪都拉斯位于中美洲北部。北临加勒比海，南濒太平洋的丰塞卡湾，东南同尼加拉瓜和萨尔瓦多交界，西与危地马拉接壤。全境 3/4 以上为山地和高原。山脉自西向东伸延，内陆为熔岩高原，多山间谷地，沿海有平原。沿海平原属于热带雨林气候，山地属于亚热带森林气候。这里的年平均气温23℃，雨量充沛，北部滨海地带和山地向风坡年降水量高达3000毫米。重要河流有帕图卡河、乌卢阿河。森林面积约占全国面积的一半，盛产优质木材。矿藏有银、金、铅、锌、铜等。全国人口约有 781.1 万，其中印欧混血种人占 90%，印第安人占 7%，黑人占 2%，白人占 1%。洪都拉斯官方语言为西班牙语，大多数居民信奉天主教。

特古西加尔巴

特古西加尔巴是洪都拉斯共和国的首都，弗朗西斯科—莫拉桑省首府。它位于中南部群山环抱的乔卢特卡河河谷，海拔 975 米。特古西加尔巴在印第安语中是"银山"的意思。1880 年该市被定为

永久性首都。特古西加尔巴的市中心是一个大广场。中央是莫拉桑公园，里面矗立着洪都拉斯民族英雄、中美洲独立运动时期的杰出活动家弗朗西斯科·莫拉桑的塑像。公园后面是中央政府大厦，左面是圣米格尔大教堂，该教堂建于殖民统治时期，在教堂的塔顶有一座古老的西班牙钟，右面是国家博物馆，里面保存着各种历史文物和动植物标本。

著名的苏亚巴圣母院是洪都拉斯的艺术圣地，坐落在市郊的苏亚巴镇上，这里保存着一座大约0.8米高、雕工细腻、价值连城的圣母像，人称"苏亚巴圣母保护神"。此外，这里还汇集了雕塑及印第安人的手工艺品等洪都拉斯的民族艺术精华。联邦公园坐落在海拔1300米的皮卡乔山上，里面有一个热带植物园，植物园内景色优美，树木繁多。

特古西加尔巴的工业有纺织、制糖、烟草、食品、制鞋、木材加工、化工、电器、农机等。由于城市四周群山环抱，地形十分险要，几次修筑铁路的尝试都未成功，因此，特古西加尔巴为世界上少数不通铁路的首都之一。其主要由城南的国际机场与国外沟通，也有公路与国内及邻国相通。

巴拿马

美丽的巴拿马是美洲的一个小国，它地处中美洲地峡地区，领土狭长，海岸线曲折，风景迷人。境内多西班牙风格的古老建筑，著名的巴拿马运河有"世界第八大奇迹"之称。

巴拿马位于中美洲地峡地区东南部。东连哥伦比亚，南濒太平洋，西接哥斯达黎加，北临加勒比海。巴拿马运河连接着中美洲和南美洲大陆，并从南至北沟通大西洋和太平洋，因此有"世界桥梁"之称。巴拿马全境地势起伏，沟谷纵横，除南北沿海平原外，多为山地。河流多达四百余条，较大的有图伊拉河、切波河及查格雷斯河。巴拿马属热带海洋性气候，北部多雨，南部较为干燥。

巴拿马城

首都巴拿马城是一座历史悠久的名城，濒临巴拿马海湾，是一座风景优美、景色怡人的海滨城市。城市依山傍水，西郊是秀丽的安贡山，城南是碧波万顷的大海。城里有古老的西班牙式的尖顶教堂和宫殿，有色彩鲜艳、具有印第安风光的庭院和窄巷以及现代化的高楼，这三位一体的建筑组合在鲜花和绿树的掩映下交融成一幅独特的画卷，把巴拿马城装扮得如同太平洋岸边的一颗明珠，璀璨夺目。

城市的中心是独立广场，广场周围分布着众多建筑，像双塔高耸的天主教

教堂；法国人建筑运河时的指挥部，现在被当成了城市中央邮电总局；还有中央旅馆和主教堂等。每年的 11 月 3 日是巴拿马独立日，在这一天市民会涌向独立广场举行庆祝游行。南面是德弗兰西亚广场，在广场四周有黄蝴蝶树环绕。广场上耸立着一座方尖碑，是为纪念修建运河的法国工人而塑造的，方尖碑一侧有建于殖民地时代的司法大厦。巴拿马城最著名的建筑是滨海大道末端的国民警卫队旧俱乐部大厦，在大厦附近的圣多明各教堂遗址上，建有殖民宗教艺术博物馆。西班牙殖民时代的总督住宅濒临巴拿马湾，这座以富丽堂皇著称的住宅现为巴拿马总统府。

巴拿马历史地区内的玻利瓦尔学院是一座具有历史意义的建筑。1826 年，泛美国际会议在此举行，会上提出了著名的建立南美洲各国联盟的提案。

巴拿马北部的军事要塞群

波多韦约和圣洛伦索的防御工事坐落在巴拿马北部的科隆省。

波多韦约防御工事位于波多韦约热带雨林区，包括依海湾建立的一系列堡垒、要塞、防御工事和城墙。而海岸线中部的小山下坐落着圣·费尔南多要塞，山顶有一个小堡垒，山后是秘鲁山丘，山丘之下是圣地亚哥·德拉格格利娅城堡。在西侧的法尔内西奥角，还建有法尔内西奥堡垒，而圣赫罗米诺要塞则修于城市之西北角。港口的圣菲利普·德索托马约尔城堡的对面是圣地亚哥要塞。

圣洛伦索要塞是这个地区建造的第一个要塞，它建于 1575 年，主要由战壕、大型半月堡、防御工事和一门架在岩石上的 10 管排炮构成。

古 巴

位于加勒比海西北部的古巴，是由许多小岛组成，天然良港众多，因此有"百港之国"的美称。古巴的蔗糖世界闻名，蔗糖业已成为古巴的支柱产业。其首都哈瓦那有"加勒比海的明珠"之称，是世界著名的古城之一。

古巴位于加勒比海的西北部，由一千六百多个大小岛屿组成，面积为110860平方千米。是美洲加勒比海北部的一个群岛国家。它位于美国佛罗里达州以南，墨西哥尤卡坦半岛以东，牙买加和开曼群岛以北，以及海地和特克斯与凯科斯群岛以西。海岸线长约6000千米。其大部分地区地势平坦，各岛多平原，东部、中部是山地，西部多丘陵。全境大部分地区属热带雨林气候，仅西南部沿岸背风坡为热带草原气候。最高峰图尔基诺峰海拔1974米，最长河流考托河长370千米。

古巴旅游景点很多，首都哈瓦那等地有不少古堡和要塞，变幻莫测、宛若仙境的地下溶洞奇观，也成为吸引旅游者的胜地之一。

古巴经济长期维持以蔗糖生产为主的单一经济发展模式。古巴

是世界主要产糖国之一，被誉为"世界糖罐"。工业以制糖业为主，占世界糖产量的7%以上，人均产糖量居世界首位，蔗糖的年产值约占国民收入的40%。农业主要种植甘蔗，甘蔗的种植面积占全国可耕地的55%。其次是

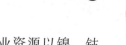

水稻、烟草、柑橘等，古巴雪茄烟享誉世界。矿业资源以镍、钴、铬为主，此外还有锰、铜等。

哈瓦那是古巴政治、经济、文化和旅游中心，是西印度群岛中最大的城市和世界上最美丽的城市之一，有"加勒比海的明珠"之称。哈瓦那老城是建筑艺术的宝库，拥有各个时期不同风格的建筑，1982年被联合国教科文组织列为"人类文化遗产"。

哈瓦那古城及防御工事

哈瓦那古城及防御工事坐落在古巴首都哈瓦那。哈瓦那是一座港口城市，坐落在南北美洲之间，扼守着墨西哥湾通往大西洋的海上要道，又是加勒比海进出大西洋的北部门户，可谓进入美洲大陆的钥匙。哈瓦那城建于1519年，历经坎坷，几经变迁，几度被毁，几番兴建。1898年成为古巴首都。濒海耸立，空气清新，阳光明媚，自然风光旖旎，素有"加勒比海明珠"之称。

著名的莫洛堡始建于16世纪中叶，位于哈瓦那湾入口处的左岸悬崖上，是当时的西班牙国王为防止海盗的袭击而建，工程规模浩大，历时41年才完工。城堡三面环水，前方挖有十几米深的壕沟。城墙约2米厚，宛如整块巨石凿成，坚固无比。修建于1847年的堡上灯塔能让30千米以外的人见到它耀眼的光芒，因而，它成为哈瓦那的象征，也是加勒比海上几个世纪以来的指路明灯。城堡还建有许多炮台。现在城堡上依然清晰的累累弹痕证明哈瓦那曾有过一段不寻常的血泪史。

哈瓦那旧城面积为1.42平方千米，由城墙旧址和哈瓦那湾之间的整个地区组成。哈瓦那旧城的建筑物主要集中在大教堂广场、兵器广场、老广场和圣弗朗西斯广场四周，广场周围有富有民族传统特色的民居。在当地政府的保护下，旧城的原貌保存完好。

哥伦比亚

哥伦比亚是位于南美洲的一个江山多姿、风光旖旎的热带国家，自然资源非常丰富。哥伦比亚出产的咖啡享誉世界，这里还有许多古迹名城，古老的文明在这里生生不息地传承着。

哥伦比亚位于南美洲西北部，东邻委内瑞拉、巴西，南接厄瓜多尔、秘鲁，西北角与巴拿马接壤，北临加勒比海，西濒太平洋，是一个自然风光优美的国家。哥伦比亚的西部除沿海平原外，为西、中、东三条平行的科迪勒拉山脉构成的高原，山间有宽阔的盆地，南部有一系列火山锥，西北部为马格达莱纳河下游冲积平原，水道众多，湖沼广布。哥伦比亚的东部为亚马孙河与奥里诺科河上游支流所形成的冲积平原，约占全国总面积的2/3。哥伦比亚

哥伦比亚现代建筑。

地处热带，气候因地势而异。平原南部和太平洋沿岸属热带雨林气候，向北逐渐转为热带草原气候。

圣菲波哥大

圣菲波哥大是哥伦比亚的首都，位于东科迪勒拉山脉西侧的苏马帕斯高原的谷地上，海拔为2640米，虽然靠近赤道，但因其地势

卡塔赫纳港口。

较高，气候凉爽，四季如春；城市近郊山岭环绕，林木苍翠，景色壮丽，是美洲大陆上著名的旅游胜地。由于圣菲波哥大景色秀丽，气候怡人，名胜古迹众多，因此被誉为"南美的雅典"。圣菲波哥大这座具有南美特色的历史文化古城，因许多名胜古迹蜚声于世。城内的古老教堂众多，有著名的圣伊格纳西奥教堂、圣弗朗西斯科教堂、圣克拉拉教堂、贝拉克鲁斯教堂等。

秘鲁

秘鲁是美洲大陆上有着悠久历史的文明古国，古城库斯科曾是印加帝国的都城，城中的古建筑众多，吸引了众多的游人。神奇的纳斯卡巨画，更有世界奇迹之称。

秘鲁位于南美洲西部，西临太平洋，面积非常广阔。

秘鲁境内东部是亚马孙平原，中部为安第斯山地，西部沿海沙漠区。秘鲁属于热带气候。

秘鲁有很多名胜古迹，其中库斯科谷地是古代印加帝国的所在地。在海拔 2430 米的山顶建有称为"空中之城"的马丘比丘。有"世界第八大奇迹"之称的神奇的纳斯卡巨画也位于秘鲁境内。此外，秘鲁还有利马古城、马努国家公园等旅游胜地。

利 马

利马在印第安盖丘亚语中的意思为"会说话的神像"。西班牙殖民者弗朗西斯科·皮萨罗在这里建立了殖民据点，这就是利马城最早的雏形。1550年，城市开始繁荣兴盛，修建了漂亮的房屋和宽阔的街道，城中心还出现了商店。但这个繁荣的城市在 1746 年的大地震中被毁掉了。很快，一座新城在废墟上崛起。到 1821 年秘鲁

独立后，利马成为了秘鲁的政治、经济、文化中心。

老城有许多殖民统治时期的建筑。狭窄的街道、低矮的房屋，从西北向东南与里马克河平行。老城里有许多广场，它的中心是"武器广场"，从广场辐射出通向城市各个角落的一条条道路。广场东面的天主教堂始建于 17 世纪，现已经过了多次重修，这是利马市唯一保持着浓厚西班牙建筑风格的教堂。广场周围还有 1938 年建造的总统府、1945 年建造的利马市政大厦等许多高大的建筑。广场东北方向是风光优美的阿拉梅达公园。从广场向西南行，经过最繁华的商业中心乌尼昂大街（团结大街），可以到达首都的中心地区——圣马丁广场，广场上高高矗立着民族英雄圣马丁将军的骑马塑像，他曾在美洲独立战争中屡建奇功。广场中间还有古栈道等大片遗迹。

玻利维亚

玻利维亚因处在美洲内陆，因此有"高原之国"的美誉。玻利维亚是一个矿产资源丰富的国家，工业以矿产业为主。玻利维亚的首都苏克雷是历史悠久的古城，也是世界上地势最高的首都。

玻利维亚位于南美洲的中部，是一个典型的内陆国家。

玻利维亚的地势西高东低，西部是玻利维亚高原，中部是河谷盆地，东部为亚马孙河冲积平原，约占国土总面积的3/5。

玻利维亚古迹众多，其首都苏克雷更是一座历史悠久的古城，城内至今仍保留有不少殖民地时代的古老建筑。其他像波托西等古城也颇具特色。

苏克雷历史名城

苏克雷历史名城坐落在玻利维亚的法定首都苏克雷。

苏克雷城得名于玻利维亚第一任总统苏克雷。苏克雷原是一名将军，因功勋卓著而当选为玻利维亚的第一任总统。1839年，城市苏克雷被定为玻利维亚的首都；1898年，玻利维亚政府又将其确认为法定首都。

原为印第安人村落的苏克雷城到了1538年才开始修建，直到1559年，这里才设立了西班牙美洲殖民地司法最高机关大审问院。1624年，由耶稣会创建的圣弗朗西斯科·哈比埃尔大学是美洲最早出现的大学之一。

1825 年，玻利维亚在苏克雷城的"自由之家"举行了独立仪式。"自由之家"建于 1701 年，是一座拥有中庭和美丽回廊的建筑物。"5月 25 日广场"是城市的中心，广场上的一座白色的看起来很气派的建筑就是总统府，府内侧廊设有一

苏克雷历史名城。

个圣母小礼拜室，安放有一座用宝石和珍珠装饰的圣母像，被誉为"南美洲价值最高的宗教艺术珍品"。

建于 1538 年的圣拉萨罗教堂是苏克雷最古老的教堂，主要以砖和麦秆为建筑材料。而建于 1601 年的拉·莱可莱塔修道院则是城里最古老、最美丽的修道院。

智 利

智利是一个国土狭长的国家，有着多样的自然景观，但智利最为著名的还是复活节岛的石像，那些面朝大海，表情淡漠的神秘石像，给人们留下了无数的谜团。

智利位于南美洲西南部，西临太平洋，狭长的国土宛如一位体态修长的仙女横卧在巍峨的安第斯山脉和浩瀚的太平洋之间。

智利的国土轮廓狭长，南北长4200多千米，东西宽90～400千米，是世界上国土最狭长的国家。智利境内火山众多，地震较频繁。气候类型多样，南部为温带海洋性气候，中部为亚热带地中海型气候，北部则为沙漠气候。

智利的自然景观多姿多彩，各具特色。南部有众多火山，山顶有皑皑积雪，火山周围被美丽的冰川湖泊环绕。而位于太平洋东南部的复活节岛则被称为"石像的故乡"。

复活节岛国家公园

面积117平方千米的复活节岛国家公园坐落在太平洋上，每年都有很多游客到此游玩。

1722年4月16日，探险航海家洛加文发现了这座岛屿，岛上居住的是长耳族土著居民。由于洛加文正巧是在复活节那天登陆，于是就将这座岛命名为"复活节岛"。

复活节岛还有"石像的故乡"之称。岛上分布有一千多尊巨大的半身人面石像。这些石像有的分布在拉拉库火山内古采石场上，有的则整齐地排列于滨海的石砌平台上。这些平台长90米、高4米，每座平台上立着的石像数量不一，有的排列着4～6尊，有的多达15～16

尊。这些石像都极为高大，高6~20米，重达30~80吨，一尊高约24米、重350吨的石像是其中最大的石像。这些高鼻梁、凹眼窝、窄额头的石像个个昂首挺胸，面对大海，若有所思地凝望远方，似有期待。这些石像大多由凝灰岩雕凿而成，气势宏大而雄伟。

在当时的条件下，古人是如何将这些巨大的石像运送并安放在这里，至今仍没有定论

位于附近的拉拉库火山分布有四十多个神秘的洞穴。此外还有许多尚未完成的雕像。岛南部的奥龙戈地区矗立着一块大石头，石头上刻着的象形文字，迄今无人能解。石头附近还立着一尊鸟人像。此外，岛上原来还有许多刻有图案和文字的木板，但这些木板据说都被一些传教者烧毁，原因是他们认为木板上的文字是一种诅咒，因此，现在木板都已荡然无存，徒留遗憾。每年8月—10月，黑海燕飞到莫多努伊岛产卵繁殖，每到这个时候，岛上各部落都会选派一名农夫出身的勇士去岛上拿到海燕蛋后迅速游回复活节岛。哪个部落的勇士第一个游回，人们便把他所属的部落酋长命名为"坦加塔·玛努"即"鸟人"，而这位酋长将成为全岛的领袖，对全岛行使一年的统治。

火地岛

火地岛是南美洲最南端群岛的主岛，这座岛形如三角形，隔着麦哲伦海峡与南美大陆相望，群岛总面积73746平方千米。

1832年—1836年，著名的英国生物学家达尔文随英国皇家海军考察船"比格尔号"对南美大陆和太平洋诸岛进行了详细考察，这为达尔文创立生物进化学说奠定了基础。他当时还考察了火地岛，对当地的动植物和处于原始野蛮阶段的火地岛人进行了深入研究，火地岛因而声名远扬。

1880年后，火地岛开始发展牧羊业。岛上发现金矿后，阿根廷和智利开始向这里移民。

火地岛有着复杂多变的地形，北部地势低平，属冰川地貌。火地岛西部、南部及群岛都是由安第斯山脉延伸而来的，群峰海拔在2100米以上。其中，萨米恩托峰海拔2300米，达尔文峰海拔2438米。此外，岛上遍布高山冰川，气候寒冷。

凭着其特殊的自然条件和人文景观，火地岛吸引了无数游客，是著名的观光游览胜地。

巴 西

巴西是南美洲面积最大的国家，境内有世界上流域面积最广、流量最大的亚马孙河自西向东流过，广阔的热带雨林使巴西成为世界知名的"森林王国"。巴西的足球、巴西的狂欢节都闻名于世。

巴西位于南美洲东部，东临大西洋，是南美洲面积最大、人口最多、经济最为发达的国家。巴西的地形以平原和低缓高原为主，全境地势比较平坦。亚马孙平原占国土面积的 1/3，巴西高原占 1/2，北部边界是圭亚那高原，南部是巴拉圭低地。气候属典型的热带气候。巴西国土辽阔，名胜古迹不胜枚举。欧鲁普雷图、奥林达等都是很有名的古城。亚马孙地区森林茂密，河网密集，以秀丽而独特的热带雨林风光吸引了大量的游客。巴西还是世界公认的狂欢节之乡，每逢狂欢节时，人们会无比狂热地跳起桑巴舞。

 ## 巴西利亚

在巴西中部戈亚斯州高原、维尔德河和马拉尼翁河汇合而成的三角地带上坐落着巴西利亚城，该城地势较高，海拔 1100 米，虽然位于热带地区，但气候凉爽。巴西利亚与周围的 8 个卫星城镇组成联邦区，共占地 5 814 平方千米。

历史上，海滨城市萨尔瓦多和里约热内卢都曾经是巴西的首都。为了加快内地开发，总统库比契克决定于

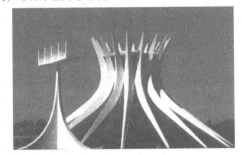

巴西利亚。

1956 年将都城迁到巴西利亚。1957 年巴西利亚开始兴建，1960 年城市建成。

巴西利亚由新区、老区和工人住宅区三部分组成。

位于人工湖半岛上的新区，状似一架喷气式飞机，非常独特。"飞机头"是国会、总统府、最高法院和政府各部大楼的所在地；"机身"是城市的交通主轴；住

孔戈尼亚斯的仁慈耶稣圣殿。

宅区、商业区、旅馆区构成了"飞机两翼"；"机舱"后部由运动区、文化区组成；"机尾"是为首都服务的工业和印刷出版区。据说之所以将巴西利亚建成飞机形状，是为了体现其蓬勃发展的时代精神，象征着巴西正在起飞，且迅速向前发展。

普拉纳尔迪纳历史中心是老区最著名的建筑，它是联邦区内历史最悠久、规模最大的建筑群。

孔戈尼亚斯的仁慈耶稣圣殿

孔戈尼亚斯的仁慈耶稣圣殿位于孔戈尼亚斯城内，在巴西东南部米纳斯吉拉斯州境内。

1757 年，葡萄牙移民弗里西亚诺·门德斯重病痊愈，他认为是上帝救助了他，便许愿修建这座教堂。1772 年教堂竣工，除了教堂主体外，还有前廊和 7 个跨间，教堂里面有关于耶稣背负十字架赴难场景的雕刻。

仁慈耶稣圣殿殿身通体洁白，主建筑分两层，大门金碧辉煌，殿内有两座塔楼圆顶方体，分列两边，造型美观。大堂的装饰集洛可可式装饰和意大利式大玻璃装饰于一身。圣殿上有座先知像，它是由著名雕刻家阿列哈丁霍负责制作的。根据耶稣背负十字架赴难为主题制作的雕刻作品位于 7 个跨间内，这些雕刻作品与先知像堪称是拉丁美洲基督教艺术的精典杰作。

阿根廷

阿根廷是一个经济发达的国家，其境内有巍峨的高山，有曲折的河流，风景秀丽无双。其海滨城市马德普拉塔风景如画，有"大西洋畔的明珠"之称，吸引了众多游人前来观光。

阿根廷位于南美洲的南部，东临大西洋，南与南极洲隔海相望，西同智利接壤，北接玻利维亚、巴拉圭，东北部与巴西和乌拉圭为邻。漫长的海岸线使其拥有丰富的渔业资源。

阿根廷是拉丁美洲（除美国和加拿大两国其他美洲国家的统称）的第二大国，仅次于巴西。主要民族是欧洲人和印第安人，其中白种人占97%，多属意大利和西班牙后裔。是南美洲各国中自种人比率最高的国家。城市人口占4/5。混血种人，印第安人及其他人种占3%。官方语言为西班牙语。居民87%信奉天主教，其余的则信奉新教及其他宗教。

阿根廷的地势东低西高，西部是以绵延起伏、巍峨壮丽安第斯山为主体的山地，纵贯南北3000余千米，约占全国面积的30%；东部和中部的潘帕斯草原是著名的农牧区；北部主要是格兰查科平原，多沼泽、森林；南部是巴塔哥尼亚高原。主要山脉有奥霍斯德萨拉多山、梅希卡纳山、海拔6964米的阿空加瓜山，为南美洲万峰之冠。巴拉那河全长4700千米，为南美第二大河。主要湖泊有奇基塔湖、阿根廷湖和别德马湖。

阿根廷北部属亚热带湿润气候，中部属亚热带和热带沙漠气候，南部为温带海洋性气候，大部分地区年平均温度在16℃～23℃。东北部降水丰

沛，在 1000 毫米左右，西北部和南部为 250 毫米。夏季雨水较多。

布宜诺斯艾利斯

　　布宜诺斯艾利斯是一座拥有四百多年历史的古老城市，它是阿根廷的首都和政治、经济、文化中心，享有"南美洲巴黎"的盛名。布宜诺斯艾利斯在西班牙语中意为"好空气"。它东临拉普拉塔河，西靠"世界粮仓"潘帕斯大草原，风景秀美，气候宜人。布宜诺斯艾利斯是南半球仅次于圣保罗的第二大城市，其居民 98% 为欧洲移民的后裔。布宜诺斯艾利斯位于阿根廷东部沿海的拉普拉塔河的河口右岸，全市分 1 个联邦区、19 个城郊区，总面积达 3885 平方千米，是南美洲最大最繁荣的城市。布宜诺斯艾利斯的建筑风格奇异多彩，几乎包罗了欧洲古今建筑的全部风格与造型，其中有著名的科隆大剧院，其规模居世界第三位。这里还是南美洲最繁华的商业和工业中心，全市工业产值为全国工业产值的 70%，对外贸易额为全国的 45%，又是全国的交通中心及对外联系的海空港口。其城市以多广场、街心花园和纪念碑为特色。布宜诺斯艾利斯有 5 个主要繁华区。1 区以五月广场为中心，是政治和商业区。称为圣特尔莫区的 2 区是布宜诺斯艾利斯的发源地和最早的港口。它反映了建城以来各个时期发展的特征，已被定为历史文化保护区。宁静的 3 区离拉普拉塔河很近，这里建有许多博物馆，还有被称为布宜诺斯艾利斯殖民时期建筑之精华的罗马大教堂。4 区位于城南海滨，是意大利移民的集居地，这里保留着不少传统习惯。风光秀丽的 5 区又称为帕莱莫区。这里的居民至今仍花草繁茂，湖水如镜，街道宽阔。尤其是玫瑰公园，在春天来临时各种玫瑰竞相开放，色彩斑斓。布宜诺斯艾利斯最繁华的佛罗里达大街是一条步行商业街。这条商业街长不足两千米，狭窄而又拥挤，但国内一些著名品牌的老商号全都聚集在这里，还有伦敦、巴黎等世界上许多著名的大公司设立的分号。五光十色的商品琳琅满目，舞厅、夜总会、饭馆、影剧院等随处可见，终日熙熙攘攘、热闹非凡，号称"南美百老汇"。1993 年 7 月 13 日，布宜诺斯艾利斯与北京结为友好城市。

 ## 科隆大剧院

科隆大剧院是阿根廷的著名剧院。

始建于 1889 年的科隆大剧院位于首都布宜诺斯艾利斯市内。大剧院修建历经 10 年之久，于 1908 年落成，由著名建筑师弗朗西斯科·塔布里尼设计，采用浓郁的意大利建筑风格建造。剧院内的雕塑技艺精湛，现代化设备俱全，有"世界第三大剧院"之称，仅次于美国纽约的大都会歌剧院和意大利米兰的拉·斯卡拉剧院。

科隆大剧院剧场的大厅呈马蹄形，面积为 7050 平方米，观众席共有 7 层，有座位 2487 个，加座后可容纳 4000 多的观众。厅内有一个大舞台，长约 35.5 米、高 34.5 米，是世界上最大的舞台。大厅穹顶绘有 51 幅以音乐舞蹈为主题的绘画，为阿根廷著名画家拉乌尔·索尔迪所作。在靠近天花板的墙上写有世界名剧和各国著名乐队的名称。剧场内还设置了观众休息厅、会议厅、艺术家休息厅、排练场、宴会厅、练功室等多个厅室，在这些厅室里，有许多著名作曲家、音乐家、乐队指挥的塑像，而一些著名剧照、名画和其他艺术品则挂在走廊两侧。大剧院除了剧场外，还设置了音乐、舞蹈等专科学校，以及戏剧图书馆、声乐艺术博物馆、音乐档案馆等。

陈列室内展示着各国古典和现代戏剧演出中用过的舞蹈鞋。其中就有中国著名剧演员李少春于 1956 年赠送给大剧院的一双舞靴。在剧院地下室，还设有供舞台美术工作人员设计与描制舞台布景以及供木工制作五花八门的道具的道具车间。此外，还设有假发与头饰车间，在这个车间里，陈列着三万多个用亚麻、人发、化纤制作的各式假发与头饰。

大洋洲

DA YANG ZHOU

澳大利亚

澳 大利亚这个"骑在羊背上的国家",以其独具特色的自然风景、充满现代气息的大都市风情吸引着世界各地的游人,可爱的袋鼠和憨态可掬的考拉,几乎成了澳大利亚的另一张名片。

澳大利亚是位于南半球南太平洋和印度洋之间的国家,全称澳大利亚联邦。塔斯马尼亚岛和大洋中的一些小岛也归属于澳大利亚。

澳大利亚东濒太平洋的珊瑚海和塔斯曼海,大陆地势平缓,东部为山脉和台地,中部为平原,西部则多沙漠和半沙漠。其大部分地区属热带和亚热带气候,温度适宜。

澳大利亚旅游资源极为丰富:东北海岸有世界上最大的珊瑚礁区,即大堡礁;艾尔斯岩是世界上最大的峭岩巨石;悉尼歌剧院以其举世无双的建筑风格而享誉全球。此外,此地还有人们所熟悉的澳大利亚袋鼠、考拉等稀有动物。

澳大利亚袋鼠。

堪 培 拉

堪培拉是澳大利亚的首都,与其他城市相比,它还是一个较年轻的城市。该城位于澳大利亚山区开阔的谷地上,海拔760米。

堪培拉坐落于格里芬湖岸边,是澳大利亚政府、国会及很多外

悉尼歌剧院夜景。

国使馆的所在地。由于四周森林环绕、绿意盎然，且邻近自然风光秀丽的乡村，因此堪培拉作为优雅的现代化都市，更享有"天然首都"的美誉。堪培拉气候温和，四季分明，全年降雨量均衡，四季都有阳光普照。堪培拉是个与众不同的城市，都市建筑不但没有破坏附近的环境，而且还与周遭环境融为一体。堪培拉到处都洋溢着田园气息，是澳大利亚政府的所在地，也是亚太地区主要的外交中心之一。总的来说，堪培拉既是世界一个重要的都市，又与附近的自然环境和谐融合。在这个城市，人们不会看到突兀和杂乱无章的城市建筑。映人眼帘的是—件件计划周详、真正具备美感的城市设计的杰作。和其他大城市用许多公园点缀相反，堪培拉恍如一个建在花园里的城市。城市中心的格里芬湖喷泉，水柱高达140米，极为壮观。全城树木苍翠，花团锦簇，每年九月，堪培拉都会举办花节，以数十万株花迎接春天的到来，被誉为"大洋洲的花园城市"。

悉 尼

悉尼地处澳大利亚的东南岸，是澳大利亚新南威尔士州的首府，也是该国人口最稠密的城市。悉尼占据了两个地理区域——坎伯兰峡谷和康士比高原。坎伯兰峡谷是一个比较平坦，有些起伏的峡谷，横卧于杰克逊港以西和以南。康士比高原是海港以北的高原，被草木丛生的溪谷切割开。悉尼属于副热带湿润气候，全年都有降雨。

悉尼是澳大利亚第一大城市，也是澳大利亚商业、贸易、金融、旅游和文化的中心。悉尼在澳大利亚国民经济中的地位举足轻重，其生产总值占全澳的 30% 左右。澳大利亚储备银行和澳大利亚证券交易所均设在悉尼，悉尼还是一个国际化的大都市，悉尼机场是澳大利亚主要的航空港之一，2000 年悉尼奥运会使悉尼的国际声望和知名度空前提高。悉尼的旅游观光地众多，比较著名的有悉尼歌剧院、港口大桥、岩石区、环形码头、麦觉里广场等。

新 西 兰

新 西兰是南太平洋上形似一只倒悬的长筒高跟皮靴的岛国，它由南岛、北岛、斯图尔特岛及附近几十个小岛组成。在景色如画的新西兰，到处都有美丽的天然景观，极少有人工雕琢的痕迹。

新西兰是南太平洋上的一个岛国，由新西兰南岛、新西兰北岛、斯图尔特岛及附近几十个小岛组成。南岛山脉连绵，北岛丘陵起伏。新西兰大部分地区属温带海洋性气候，降水丰沛。矿产、水力、渔业及动植物资源丰富。新西兰还是世界上地热资源最为丰富的国家之一，沸泉、喷气孔、沸泥塘、间歇泉等地热现象多不可数。

惠 灵 顿

惠灵顿，早期译为威灵顿，现在是新西兰的首都和政治中心，是仅次于奥克兰的全国第二大城市，也是大洋洲国家中人口最多的首都。惠灵顿地处新西兰北岛的南部，扼库克海峡咽喉，处于全国的中心位置，是往来南北二岛的交通枢纽。惠灵顿也是世界最佳深水港之一。惠灵顿三面青山环绕，一面临海，怀抱着尼科尔逊港。在海洋性气候的影响下，惠灵顿天气晴暖，阳光充沛。惠灵顿地处断层地带，除临海处有一片平地外，整个城市依山而建。1855 年的一次大地震曾使港口受到过严重破坏，现在的惠灵顿是 1948 年后重建的。由于惠灵顿濒临海湾，加之

地势较高，时常受到海风的侵袭，一年之中的大部分日子都刮风，因而有"风城"之称。

惠灵顿是世界上第一个草拟国家福利事业的首都，也是最积极鼓励成立民族自治政府的城市，是全国政治、工业、金融的中心。惠灵顿是全国第二大港和欧、亚远洋船只的重要补给站，也是最大的客运港。市区东南端有填海移山建成的现代化航空港。新西兰的鲜花常从这里运往国外。1865 年，惠灵顿取代奥克兰成为新西兰的首都。

惠灵顿是太平洋地区著名的旅游胜地。市内保存着的古建筑有 1876 年修建的政府大厦，它是南太平洋最宏伟的木结构建筑之一；1866 年修建的雄伟的保罗大教堂；1904 年修建的市政大厅。著名的战争纪念馆建于 1932 年，里面的钟琴上有 49 个吊钟，钟上镌刻着第一次世界大战时新西兰人参战战场的名称。惠灵顿市中心共分为 4 个风格截然不同的部分，风格和景色随着分区的不同而不同，游客在此能体验到惠灵顿不同的风土人情。

奥克兰

奥克兰是新西兰第一大城市，是全国工业、商业和经济贸易中心，集中了全国近 1/4 的人口。奥克兰位于新西兰北岛的奥克兰区，它拥有 50 多个小岛。一半是内陆城镇，一半是海边城镇的特点使之成为一个多元化的水世界。奥克兰在 1841 年—1865 年作为新西兰的第二任首都（原首都拉塞尔，后迁都至现首都惠灵顿）。奥克兰是新西兰人口最多的城市，它位于两大海港之间，有一些死火山点缀其间。居民的文化背景包含了波利尼西亚、亚洲、英国和东欧的各种元素。奥克兰还是新西兰的门户，美丽的海港、岛屿，波利尼西亚文化和现代大都市，这些元素组成了奥克兰的生活方式，并使之享誉世界。

奥克兰排名在"世界最佳居住城市"的第五名（2007年），素有"风帆之都"的美誉。置身于此，我们更能感受到奥克兰自然与现代完美相融的美丽与繁华。在怀特玛塔港中部，回首可望到奥克兰的城市天际，还可看到奥克兰的商务区和港口，以及从地平面拔起、高耸入云的南半球最高建筑——天空塔。

1989年，奥克兰与中国广州市结为友好城市。1995年2月，奥克兰港与中国上海港结成姊妹港。1999年9月12日，亚太经合组织第七次领导人非正式会议在奥克兰举行。

所罗门群岛

所罗门是古代以色列国的一位英明的君主，第一次发现该岛的人为了纪念这位古代的君主，便将此群岛命名为"所罗门群岛"。由于地处偏隅，所罗门群岛的经济还是以初期的农业为主，缺乏深加工产业。

所罗门群岛是南太平洋的一个岛国，位于澳大利亚东北方，巴布亚新几内亚东方，是英联邦成员之一。共有超过 990 个岛，陆地总面积共有 28450 平方千米。所罗门群岛的首都霍尼亚拉（Honiara），是第二次世界大战在太平洋的转折点所在地。

所罗门群岛位于太平洋西南部，由瓜达尔卡纳尔岛、新乔治亚岛、马莱塔岛、舒瓦瑟尔岛、圣伊莎贝尔岛、圣克里斯托瓦尔岛、圣克鲁斯群岛和周围的许多小岛组成。所罗门群岛境内多火山、河流，地震频发。岛上属热带雨林气候，终年炎热，无旱季。

所罗门群岛的旅游资源十分丰富。所罗门群岛海岸线绵长，虽无天然良港，但沿海地势平坦，海水蔚蓝，清澈透明，能见度极好，被众多游客誉为是"上帝恩赐之水"。所罗门群岛也被认为是世界上最好的潜水区之一，潜水旅游开发潜力巨大。渔业是所罗门群岛主要出口创汇产业，主要出口到日本。盛产金枪鱼，是世界上渔业资源最丰富的国家之一。

岛上有铝土、镍、铜、金、磷酸盐等矿藏。已探明铝土矿储量5800 万吨，磷酸盐 1000 万吨。水力资源丰富。森林覆盖面积占陆地总面积的 90%，约 2.63 万平方千米。林木总储量 1.27 亿立方米，商品材蓄积量 4810 万立方米。近年来，林业发展迅速，已成为所的主要经济支柱。但因过度开采，所面临今后 15 年内出现林业资源枯竭的危险。1996 年 11 月，所政府同绿色和平组织及一些国际公司合作实施一为期 3 年的林业可持续发展项目。

近些年来，该国政府在兴建旅馆，拓展航班等旅游硬件设施方面进行了大力投资，切实改善了当地的旅游环境，便利了人们的出行，从而使得旅游业正在渐渐成为该国的支柱产业。

所罗门群岛由两组截然不同的陆地生态区组成。当中大多数岛屿，连同属于巴布亚新几内亚的领土的布干维尔岛（Bougainville）及布卡岛（Buka），都属于所罗门群岛雨林生态区；桑塔库鲁兹群岛是所罗门东边主要的一群，与临近的瓦努阿图群岛属于瓦努阿图雨林生态区。这两个生态区，连同邻近的新喀里多尼亚、俾斯麦群岛、新几内亚、澳大利亚和新西兰，都属于澳亚大陆生态区的范围。

所罗门强调国际和睦、友谊、相互尊重、和平及人类尊严等外交原则。奉行不结盟政策，坚持在谨慎和有选择的基础上发展同各国的政治和经贸关系，有选择地利用外资和外援。支持南太无核区主张，是南太平洋论坛、太平洋共同体和美拉尼西亚先锋集团等地区组织的成员。所罗门群岛重视与英国、澳大利亚和新西兰等传统友好国家的关系，同时也注重与南太地区各国发展友好合作关系，主张与亚太国家合作，承担对本地区有关组织的义务。目前已同 34 个国家建立了外交关系。并在澳大利亚、新西兰、英国、欧盟、美国、日本和瓦努阿图等国设有驻外机构。英、澳、新西兰、美、日、巴新、韩国在所设立使馆。

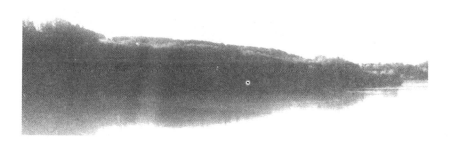

斐 济

斐济被誉为"南太平注上撒落的珍珠"。这个国家是典型的热带海洋性气候，盛产椰子、菠萝、香蕉、稻米等水果和农作物，同时该国也积极发展加工产业，从而振兴了其国民经济。

斐济群岛共和国位于西南部太平洋中心地区，是南太平洋地区的交通枢纽。斐济由 332 个岛屿组成，多为珊瑚礁环绕的火山岛，其中 106 个岛屿上有人类居住，主要有维提岛和瓦努阿岛等。斐济地跨东、西半球，180°经线贯穿其国，因而其成为了世界上既是最东又是最西的国家。

斐济是个多种族的国家，英语是斐济的官方语言，当地人也讲斐济语和印地语。苏瓦是斐济的首都，也是全国政治、经济、文化和交通中心，还是南太平洋地区的第一大城市。苏瓦三面环水，一面靠山，是斐济的一个天然良港。旅游业是斐济国民经济的三大支柱之一，也是主要的外汇创收来源。

在斐济，不仅苏瓦、莱维卡两地风景秀美，贝卡岛、瓦努阿岛、塔韦乌尼岛和密月岛也是游人的理想去处，使人流连忘返。